Schum
Zett

DEUTSCH
Recht-schreibung

Wolfgang W. Menzel
Christoph Haas

Sonderausgabe

Gestaltung: Carsten Abelbeck
Umschlaggestaltung: Inga Koch

ISBN 3-8174-5720-0
5157201

Vorwort 6

I. Groß- und Kleinschreibung 7

1. Am Satzanfang 8
2. Nach Doppelpunkt 8
3. In wörtlicher Rede 10
4. In Überschriften, Werktiteln 10
5. Nach Ziffern, Paragraphen und Buchstaben 11
6. In Gedankenstrichen und Klammern 11
7. Substantive 12
8. Substantivierte Wörter 15
9. Verben 17
10. Adjektive und Partizipien 19
11. Farbadjektive 22
12. Sprachbezeichnungen 23
13. Pronomen und Anrede 24
14. Unbestimmte Zahladjektive und Mengenangaben 25
15. Zahlwörter 27
16. Andere Wortarten 29
17. Zeitangaben 30
18. mal/Mal 33
19. Zusammenfassung 34

II. Zusammen- und Getrenntschreibung 36

1. Zusammensetzungen mit Verb 38

2. Wortverbindungen mit Adjektiv/Partizip 47
3. Zusammensetzungen mit „zu“ 51

III. Schreibung mit Bindestrich 52
1. Substantive 52
2. Adjektive 57
3. Farben 57

IV. Die Laut-Buchstaben-Zuordnung 59
1. Vokale 61
2. Konsonanten 75
3. Fugen-s 100

V. Zahlen und Ziffern 104

VI. Namen 107
1. Personen-, Völker- und Stammesnamen 107
2. Geographische Namen 111
3. Titel, Kalendertage und historische Ereignisse 115

VII. Schreibung von Fremdwörtern 117

VIII. Worttrennung am Zeilenende 126

IX. Abkürzungen 130

X. Zeichensetzung 134

1. Punkt 134
2. Strichpunkt 138
3. Doppelpunkt 139
4. Ausrufe- und Fragezeichen 142
5. Komma 146
6. Gedankenstrich 162
7. Klammer 164
8. Anführungszeichen 165
9. Apostroph 168
10. Schrägstrich 171

XI. Wichtigste Regeln der neuen Rechtschreibung 172
1. Groß- und Kleinschreibung 172
2. Getrenntschreibung 174
3. Wortstamm 176
4. ss und ß 178
5. Worttrennung 179
6. Bindestrich 180
7. Komma 181
8. Fremdwörter 183

Register 185

Vorwort

Das aktuelle und praktische Nachschlagewerk konzentriert sich auf das Wesentliche und behandelt die Bereiche, die erfahrungsgemäß wichtig sind und dem Lernenden häufig Probleme bereiten.

Die Themen werden übersichtlich und leicht verständlich dargestellt. Eine kurze Einleitung zu Beginn jedes Kapitels gibt Basisinformationen zum jeweiligen Problemfeld der deutschen Rechtschreibung. Wichtige Regeln, Sonderfälle und Hinweise sind zum leichteren Auffinden durch Symbole und Hervorhebungen gekennzeichnet. Zahlreiche Beispielssätze veranschaulichen die Regeln.

Erklärung der Symbole:

>!< Dieses Zeichen weist auf eine Regel hin.

Dieses Symbol kennzeichnet wichtige Zusatzinformationen.

Die Beispiele befinden sich auf hellgrauen Spickzetteln.

I. Groß- und Kleinschreibung

Im Gegensatz zu den meisten anderen europäischen Sprachen, in denen nur Eigennamen und Satzanfänge großgeschrieben werden, ist die deutsche Schriftsprache durch die Großschreibung der Substantive gekennzeichnet. Die wichtigsten Regeln zu diesem Thema lassen sich in zwei große Gruppen unterteilen: die Groß- und Kleinschreibung am Satzanfang und in Überschriften einerseits, die Großschreibung der Substantive andererseits.

Die Groß- und Kleinschreibung kann nur sicher beherrscht werden, wenn man Substantive von anderen Wortarten zweifelsfrei unterscheiden kann. Allerdings können auch andere Wortarten wie Adjektiv, Verb, Pronomen und Zahlwort substantivisch gebraucht werden. Daneben gibt es Wörter, die im Verlauf der Sprachentwicklung ihren Substantivcharakter verloren haben und deshalb kleingeschrieben werden.

Doch in den allermeisten Fällen kann man eindeutig entscheiden, ob es sich um ein Hauptwort handelt, das großgeschrieben werden muss, oder um eine andere Wortart (z. B. Adjektiv, Verb und Pronomen), die man kleinschreibt. Es gibt nur noch ganz wenige Ausnahmen, die man sich gesondert merken muss.

1. Am Satzanfang

>!< Das erste Wort eines vollständigen Satzes schreibt man immer groß.

Auslassungspunkte, Apostroph oder Ziffern zu Beginn eines Satzes gelten als Satzanfang. Deshalb schreibt man das nachfolgende Wort nur dann groß, wenn es sich um ein Substantiv handelt.

- *... und dann wurde es Sommer.*
- *... genauso hatte sie es sich gedacht!*
- *'ne Menge Leute hier auf der Party!*
- *21 rote Rosen schenkte er ihr.*
- *7 Tage hat die Woche.*

2. Nach Doppelpunkt

>!< Nach einem Doppelpunkt schreibt man groß, wenn danach ein selbstständiger Satz beginnt. Klein wird geschrieben, wenn auf den Doppelpunkt eine Aufzählung oder dergleichen folgt, die nicht als selbstständiger Satz gemeint ist. Dabei spielt es keine Rolle, ob der Einleitungssatz ein ganzer Satz ist oder nicht. Es kommt allein darauf an, ob der Satz nach dem Doppelpunkt ein ganzer Satz ist und folglich alleine stehen kann.

- *Es bleibt dabei: Wir fahren morgen früh mit dem Zug nach Hamburg.*
- *Mitzubringen sind: möglichst viele Stoffreste, Garn und Schere.*
- *Familienstand: ledig.*
- *Die Wände, die Decke, den Fußboden: Alles hat er grün angestrichen!*

Handelt es sich um Zusammenfassungen des vorher Gesagten oder Schlussfolgerungen aus diesem, kann nach einem Doppelpunkt kleingeschrieben werden, auch wenn es sich um einen vollständigen Satz handelt. Dies ist immer dann der Fall, wenn dieser Satz ohne das vorher Gesagte nicht verständlich wäre:

- *Wer sich nicht an die Spielregeln hält: Der/der kann uns gestohlen bleiben.*
- *Was sie auch sagt: Es/es hat keinen Sinn.*
- *Du kannst meine Entscheidung noch so oft anzweifeln: Ich/ich bleibe dabei.*

Ist nach einem Doppelpunkt das erste Wort einer Aufzählung ein Substantiv, wird es natürlich großgeschrieben:

Man nehme folgende Zutaten: Mehl, Eier, Milch und Butter.

3. In wörtlicher Rede

>!< Das erste Wort in der direkten Rede schreibt man immer groß. Innerhalb eines ganzen Satzes wird *nach* einer wörtlichen Rede allerdings klein weitergeschrieben, auch wenn diese mit einem Fragezeichen oder Ausrufezeichen endet.

- *„Es ist spät geworden", sagte er.*
  Sie erwiderte: „Schön war der Abend" und gab ihm einen Kuss auf die Wange.
- *„Wer von euch hat ein Haustier?", fragte der Lehrer.*
- *„Halt! Stehen bleiben!", rief der Ladenbesitzer dem Dieb hinterher.*

4. In Überschriften und Werktiteln

>!< Das erste Wort einer Überschrift, eines Werktitels oder dergleichen schreibt man groß – auch innerhalb eines Satzes.

- *Schwere Sturmschäden in Norddeutschland*
- *Meine Anzeige „Preisgünstige Wohnung zu verkaufen" ist in der Wochenendausgabe erschienen.*
- *Kennst du den Film „Der bewegte Mann"?*

Das gilt auch, wenn man den Titel verkürzt oder verändert, damit er sich gut in den Satz einbauen und flüssig sprechen lässt:

Nein, den „Bewegten Mann“ habe ich noch nicht gesehen.

5. Nach Ziffern, Paragraphen und Buchstaben

Nach Gliederungskennzeichen wie Ziffern, Paragraphen und Buchstaben schreibt man groß.

- *1. Feine Backwaren*
- *§ 5 Der Mieter ist verpflichtet ...*
- *a) Vgl. Anlage 3, Ziffer 5*

6. In Gedankenstrichen und Klammern

Ist das erste Wort eines in Gedankenstrichen oder Klammern stehenden eingeschobenen Satzes kein Substantiv oder Eigenname, so wird es kleingeschrieben.

- *In diesem Urlaub – ich werde ihn nie vergessen – lernte ich meine spätere Frau kennen.*

Vor einigen Jahren (damals war er noch in den Städtischen Kliniken angestellt) zählte er in seinem Bereich zu den besten Kräften.

7. Substantive

Substantive werden immer großgeschrieben. Dazu gehören Gegenstände, Lebewesen und abstrakte Begriffe.

- *Tisch, Hammer, Milch, Gartenzaun, Sandkasten*
- *Baum, Vogel, Maus, Kind, Mann, Frau*
- *Liebe, Freiheit, Glück, Mathematik, Wissenschaft, Natur*

Substantive besitzen in der Regel ein festes Genus. Sie können in Singular oder Plural stehen und werden dekliniert, d. h. sie verändern sich je nachdem in welchem Fall sie stehen.

- *der Ofen, die Tasse, das Geschirr, ein Auto, eine Blume*
- *des Mannes, der Frauen, dem Ehepartner, die Tiere*

Eine Hilfe bei der Entscheidung, ob es sich um ein Substantiv handelt, kann die Wortendung sein. Abstrakte Begriffe werden häufig durch die Endungen „-ung", „-keit", „-heit", „-nis", „-schaft" oder „-tum" gekennzeichnet.

Ahnung, Möglichkeit, Dunkelheit,
Kenntnis, Freundschaft, Eigentum

Zusammensetzungen, die in ihrer Gesamtheit als Substantive gemeint sind, schreibt man groß. Das gilt auch dann, wenn das erste Wort einer insgesamt als Hauptwort verstandenen Aneinanderreihung kein Substantiv ist.

der Trimm-dich-Pfad,
das Auf-der-faulen-Haut-Liegen,
es ist zum Auf-und-davon-Laufen,
der Pro-Kopf-Verbrauch

Der Grundsatz „Substantive werden großgeschrieben" gilt auch für Wörter aus fremden Sprachen.

der Drink, die Fairness,
der Thriller, das Mailing

Auch in fremdsprachlichen Zusammensetzungen mit Bindestrich, die substantivisch gemeint sind, wird das erste Wort immer großgeschrieben; darüber hinaus alle darin vorkommenden Substantive. Fremdsprachige Wörter, die keine Substantive sind, schreibt man auch in Zusammensetzungen klein.

- *das Hightech-Verfahren, die Open-End-Diskussion*
- *das Make-up, das Know-how, das Drive-in-Restaurant*

>!< Substantive in festen Wendungen schreibt man ebenfalls groß. Betroffen sind Substantive in Verbindung mit einer Präposition, einer Präposition und einem Verb und Verbindungen von Substantiv und Verb. Das gilt jedoch nur, wenn Getrenntschreibung vorliegt! In manchen Fällen ist aber auch eine Zusammenschreibung möglich, dann schreibt man das gesamte Wort klein.

- *auf Abruf, mit Bezug auf, im Grunde, auf Grund* (auch: aufgrund), *zu Grunde gehen* (auch: zugrunde gehen), *in Hinsicht auf, zur Not, zur Seite, von Seiten, auf Seiten* (auch: vonseiten, aufseiten; aber nur: beiseite)
- *etwas außer Acht lassen, in Betracht kommen, in Kauf nehmen*
- *Auto fahren, Rad fahren, Maß halten, Kopf stehen, Leid tun, Not leiden, Pleite gehen,*

Gefahr laufen, Recht haben, Wert legen auf etwas, jemandem Angst machen, Schuld tragen

Kleingeschrieben werden die Wörter „angst, bange, gram, leid, pleite, schuld" nur in Verbindung mit den Verben „sein *(ich bin, du bist, er/sie/es ist, wir sind, ihr seid, sie sind)*, bleiben, werden".

Mir wird angst und bange. Sie ist schuld daran. Ich bin es langsam leid. Wir sind ihr gram.

In Verbindung mit allen anderen Verben sind diese Wörter Substantive und werden großgeschrieben.

Der Hund machte den Kindern Angst. Er gab ihr (die) Schuld an dem Unglück. Es tat ihm Leid.

8. Substantivierte Wörter

Alle Wortarten außer Substantive und Eigennamen schreibt man in der Regel klein. Werden Wörter anderer Wortarten aber als Substantive gebraucht, so schreibt man sie groß. Man spricht dann von substantivierten Wörtern.

- *lesen, grün, für – wider*
- *das laute Lesen, das kräftige Grün, das Für und Wider.*

Wörter, die als Substantive verwendet werden, kann man an vorangestellten Begleitwörtern erkennen wie Artikel, Pronomen, gebeugtes Adjektiv, Präposition.

- *Das Blau gefällt mir nicht.*
- *Sein Zögern hat ihn in Schwierigkeiten gebracht.*
- *Bei Glätte ist vorsichtiges Bremsen wichtig.*
- *Ich stimme ihm ohne Wenn und Aber zu.*
- *Er hat Sinn für alles Schöne.*

Zwischen Begleitwort und substantiviertem Begriff kann ein Wort oder ein Satzteil eingeschoben sein. Oft fehlt auch das Begleitwort vor dem zum Substantiv gewordenen Wort. Hier hilft die Ergänzungsprobe: Kann ein Artikel eingesetzt werden, so schreibt man groß.

- *Das für meine Überlegungen Wichtige wurde nicht besprochen.*
- *Man muss Wichtiges von Unwichtigem trennen* (das Wichtige).

Für die Zähne ist es nicht gut, Süßes zu essen (das Süße).

Ein vorangestelltes Begleitwort wie der Artikel ist nicht immer eine Garantie für die Großschreibung des folgenden Wortes. Dies gilt insbesondere für Pronomen als Stellvertreter von Substantiven. Sie werden auch dann kleingeschrieben, wenn sie einen Artikel haben, wie in den Wendungen „die beiden waren gekommen“, „die anderen ließen sich nicht blicken“, „wir haben das alles selbst erlebt“.

9. Verben

>!< Verben schreibt man klein. Ihre Infinitive können jedoch wie Substantive verwendet werden. Dann schreibt man sie groß. Dies ist erkennbar an einem vorausgehenden Artikel, einer Präposition, an einem Pronomen oder an einem gebeugten Adjektiv.

- *lesen, ich las, ich habe gelesen, ich werde lesen*
- *Das Lesen ist meine Lieblingsbeschäftigung.*
- *Den Nachmittag habe ich mit Lesen verbracht.*
- *Alles Hoffen war vergebens.*
- *Wir hörten lautes Schreien.*

Die Präposition vor dem substantivierten Verb ist häufig mit dem Artikel verschmolzen, wie beispielsweise bei den Wörtern „beim *(bei dem)*, am *(an dem)*, zum *(zu dem)*". Vor allem muss man den Unterschied zwischen „zum", das vor dem großgeschriebenen Verb steht, und „zu", das dem kleingeschriebenen Infinitiv vorangeht, beachten:

- *Ich habe mir den Knöchel <u>beim</u> Laufen verstaucht.*
- *Ich bin noch nicht <u>zum</u> Aufräumen gekommen.*

  aber:
- *Hier gibt es nichts <u>zu</u> sehen.*

>!< Bei einfachen Infinitiven (ohne Begleitwort oder nähere Bestimmung) ist häufig sowohl Groß- als auch Kleinschreibung möglich. Die Ersatzprobe mit dem Artikel „das" und einer Erweiterung wie „zu" beweist, dass in diesen Fällen der Infinitiv genauso gut als Substantiv wie auch als Verb aufgefasst werden kann.

- *Das Kind lernt* (das) *Schwimmen./*
  Das Kind lernt (zu) *schwimmen.*
- ... *weil* (das) *Probieren über* (das) *Studieren geht./... weil* (praktisch) *probieren über* (umständlich) *studieren geht.*

10. Adjektive und Partizipien

>!< Adjektive und Partizipien schreibt man in der Regel klein, es sei denn, sie werden substantivisch verwendet.

- *alte Leute, die richtige Lösung*
- *eine versäumte Stunde, das gefundene Geld*
- *das Richtige tun, das Versäumte nachholen*

Gekennzeichnet sind die großgeschriebenen Adjektive und Partizipien oft durch vorangehende Begleitwörter wie Artikel, Pronomen usw. Häufig steht vor den substantivierten Adjektiven und Partizipien eine unbestimmte Mengenangabe wie „viel, etwas, alles, nichts, wenig, lauter, manches, allerlei".

allerlei Neues erfahren, nichts Auffallendes bemerken

>!< Adjektive und Partizipien werden trotz Begleitwort dann kleingeschrieben, wenn sie sich auf ein vorher oder nachher genanntes Substantiv beziehen. Dies ist dann der Fall, wenn sich das Bezugswort in Gedanken ergänzen lässt.

- *Die schwarzen Schuhe gefallen mir besser als die braunen* (Schuhe).

- *Er war der fleißigste meiner Schüler* (der fleißigste Schüler).
- *Welche Gläser soll ich nehmen? Die hohen* (Die hohen Gläser).

>!< Den Superlativ mit „am" schreibt man klein, wenn man nach ihm mit „wie?" fragen kann und er nicht durch „an dem" ersetzt werden kann.

- *Dieses Bild ist am schönsten. (Wie ist dieses Bild?)*
- *Am wichtigsten ist jetzt: Ruhe bewahren!*
- *Am besten gehst du jetzt nach Hause.*

>!< Wird der Superlativ wie ein Substantiv gebraucht, schreibt man ihn groß.

- *Es ist das Beste, wenn du ihn in Ruhe lässt.*
- *Das Wichtigste wurde vergessen.*
- *Das ist ja das Letzte!*

Feste adverbiale Wendungen aus „aufs" oder „auf das" und Superlative, nach denen man mit „wie?" fragen kann, können groß- oder kleingeschrieben werden.

Das muss auf das Genaueste/genaueste überprüft werden.

>!< Sowohl substantivierte Adjektive als auch Partizipien in bestimmten festen Verbindungen und Redewendungen schreibt man groß.

im Großen und Ganzen; auf dem Laufenden; im Dunkeln tappen

>!< Einige feste Verbindungen aus Präposition und Adjektiv ohne Begleiter schreibt man klein.

über kurz oder lang, von fern, von nah und fern, durch dick und dünn, von klein auf, ohne weiteres, bis auf weiteres, seit längerem, schwarz auf weiß, grau in grau, von neuem

>!< Adjektive in festen Fügungen schreibt man klein.

das schwarze Brett, die goldene Hochzeit, die heilige Messe

>!< Als fester Bestandteil von Eigennamen werden Adjektive hingegen großgeschrieben.

Heiliger Vater, Stiller Ozean

>!< Endungslose Adjektive in Wortpaaren schreibt man groß, wenn sie sich auf Personen beziehen.

Am Rosenmontag waren Jung und Alt, Groß und Klein, Arm und Reich auf der Straße.

11. Farbadjektive

>!< Farbbezeichnungen schreibt man klein, wenn sie als Adjektiv oder Adverb verwendet werden. Großschreibung gilt, wenn eine Farbe als Substantiv gebraucht wird, was man an den üblichen Begleitwörtern erkennen kann.

- *das rote Tischtuch, die blaue Farbe*
- *das Fenster weiß streichen,*
  sie ist rot geworden, er sieht für
  die Zukunft schwarz
- *die Ampel steht auf Rot, die Farbe Schwarz,*
  ein helles Gelb

Farbbezeichnungen werden dann kleingeschrieben, wenn sie auf die Frage „wie?“ antworten. Bei Großschreibung kann man meist das Substantiv „Farbe“ ergänzen:

- *Das Kleid ist rot gepunktet.*
  (<u>Wie</u> ist das Kleid gepunktet?)
- *Meine Lieblingsfarbe ist Grün.*
  (die <u>Farbe</u> Grün)

12. Sprachbezeichnungen

Als Adjektive schreibt man Sprachbezeichnungen stets klein, als Substantive dagegen groß. Treten Sprachbezeichnungen in Verbindung mit Präpositionen auf, so schreibt man sie ebenfalls groß.

- *die englische Sprache, wir sprechen französisch*
- *das Englische, eine Übersetzung aus dem Russischen*
- *Mit ihm konnte man sich auf Spanisch unterhalten. Der Brief ist in Englisch geschrieben.*

Ob eine Sprachbezeichnung klein- oder großgeschrieben wird, kann man auf einfache Weise erfragen: Lässt sich die Frage „wie?“ stellen, schreibt man klein. Steht die Sprachbezeichnung als Antwort auf eine Was-Frage oder in Verbindung mit einer Präposition, dann schreibt man groß:

- *Wir haben englisch miteinander gesprochen.* (Wie haben wir miteinander gesprochen?)
- *Seit zwei Jahren lerne ich Italienisch.* (Was lerne ich? – Italienisch)
- *Sie hat auf Englisch geantwortet.* (Präposition „auf“)

13. Pronomen und Anrede

>!< Alle Pronomen wie „ich", „mein", „jeder", „alle" usw. schreibt man in der Regel klein. Dies gilt oft auch dann, wenn sie zusammen mit einem Artikel gebraucht werden. Geht ihnen ein bestimmtes oder unbestimmtes Pronomen voran oder sind sie mit Wörtern wie „alles", „etwas" und Ähnlichem gekoppelt, so werden sie ebenfalls kleingeschrieben.

- *man, keiner, dieser, einige, niemand, wer, was*
- *die beiden, ein jeder*
- *wir alle, alles andere*

Das gilt für alle Arten von Pronomen, ob Personal-, Reflexiv-, Possessiv-, Demonstrativ-, Relativ-, Interrogativ- oder Indefinitpronomen.

>!< Groß schreibt man Pronomen dann, wenn sie als Substantive verwendet werden, was man am vorhergehenden Begleitwort erkennen kann. Ebenfalls großgeschrieben werden Adjektive und Partizipien, die innerhalb eines Satzes pronominale Verwendung finden.

- *das Du anbieten, aus dem Nichts auftauchen*
- *Wer ist der Nächste?*
  Für mich bitte das Gleiche!

Possessivpronomen, die in Verbindung mit dem bestimmten Artikel stehen, *können* aber auch großgeschrieben werden.

die Unsrigen (auch: *die unsrigen), das Seine* (auch: *das seine) beitragen*

Die Höflichkeitsanredeform „Sie“ und das zugehörige Pronomen „Ihr“ schreibt man im Brief groß. Die vertrauliche Anrede „du, dein, euch, euer“ schreibt man immer klein, auch im Brief.

- *Ich habe Ihre Nachricht erhalten.*
  Bitte kommen Sie am Mittwoch.
  Sehr geehrte Frau Klein, ich möchte Sie nochmals um Entschuldigung bitten.
- *Über deine lieben Zeilen habe ich mich sehr gefreut. Wir möchten dich, deine Frau, die Kinder und Tante Martha, also euch alle, am Sonntag zum Kaffee einladen.*
  Ich freue mich auf euer Kommen.

14. Unbestimmte Zahladjektive und Mengenangaben

Unbestimmte Zahladjektive werden generell großgeschrieben.

Es ist allerdings oft schwierig, genau zu bestimmen, ob ein Adjektiv ein Zahlwort ist oder ein Substantiv. Deshalb schreibt man die folgenden Wendungen jetzt immer groß:

jeder Einzelne, der Einzelne,
der Einzige, als Einziger,
als Ganzes, das Ganze,
das Geringste, alles Mögliche,
alles Übrige,
es waren Unzählige dabei,
es kamen Ungezählte um,
es waren Zahllose auf der Straße,
Verschiedenes war mir unklar,
alles Weitere wird sich zeigen

Verwendung innerhalb konkreter Sätze:

- *Zum Umweltschutz kann jeder Einzelne beitragen.*
- *An seiner Arbeit gab es nicht das Geringste auszusetzen.*
- *Alles Weitere besprechen wir morgen.*

>!< Die vier Zahladjektive: „viel, wenig, (der, die, das) eine, (der, die, das) andere" schreibt man immer klein. Es handelt sich hierbei um eine Ausnahmeregelung, die man einfach auswendig lernen muss.

- *Die einen kamen zu spät, die anderen erschienen gar nicht.*
- *Unter anderem ging es bei dem Gespräch um die Urlaubsregelung.*
- *Zur Eröffnung kamen viele und nicht wenige staunten über das große Angebot.*

15. Zahlwörter

>!< Kardinalzahlen unter einer Million werden kleingeschrieben. Million, Milliarde, Billion usw. schreibt man dagegen groß.

- *Sie kamen um fünf und wollten bis acht bleiben. Meine Großmutter wird morgen neunzig.*
- *Der Prokurist veruntreute über eine Million Euro.*

>!< Ordinalzahlen werden immer dann großgeschrieben, wenn sie wie ein Substantiv gebraucht werden. Dies gilt auch für sinnverwandte Adjektive wie „nächste" und „letzte". Als Adjektive hingegen schreibt man Ordinalzahlen klein.

- *Er wollte Erster werden, wurde aber nur Dritter.*

- *Die Nächste, bitte. Den Letzten beißen die Hunde.*
- *Am ersten Januar feierte sie ihren zehnten Geburtstag.*

Wenn die Begriffe „hundert" und „tausend" eine unbestimmte Menge angeben, die nicht in Ziffern geschrieben werden kann, darf man sie klein- oder großschreiben, denn sie können auch als die Zahlsubstantive „Hundert" und „Tausend" aufgefasst werden.

- *Einige hundert Menschen live im Studio und zigtausende zu Hause an den Fernsehgeräten./Einige Hundert Menschen live im Studio und Zigtausende zu Hause an den Fernsehgeräten.*
- *Viele tausend Menschen säumten die Straßen./Viele Tausend Menschen säumten die Straßen.*

Dies gilt entsprechend auch für „dutzend/Dutzend":

Er bestellte einige dutzend Reißverschlüsse./
Er bestellte einige Dutzend Reißverschlüsse.

Fehlt das Substantiv, dann handelt es sich eindeutig um ein Zahlsubstantiv und man schreibt groß.

Zur Eröffnung kamen Hunderte.
Dem Straßenmusiker applaudierten Dutzende.

>!< Bruchzahlen werden in Verbindung mit Gewichts- und Maßangaben als Adjektive gebraucht. Stehen sie als Substantive, so werden sie großgeschrieben.

- *ein viertel Liter, ein halbes Kilo*
- *ein Viertel Weißwein, ein Drittel der Menge, ein Achtel der Flasche*

16. Andere Wortarten

>!< Auch alle übrigen Wortarten wie Adverbien, Präpositionen und Konjunktionen, die normalerweise kleingeschrieben werden, können als Substantive stehen und werden dann großgeschrieben.

- *hier, jetzt; für, wider; wenn, aber*
  ja, nein
- *Mich interessiert nur das Hier und Jetzt.*
  Er wägt das Für und Wider ab.
  Hier gibt es kein Wenn und Aber.
  Es gilt nur ein klares Nein.

Dies gilt auch für Interjektionen wie „au!, plumps, ach“ usw.

Wir hörten ein lautes Au. Dann gab es einen Plumps.
Mit Ach und Krach schaffte sie die praktische Fahrprüfung. Unter einem wehmütigen Ach packte er seine Sachen und ging.

>!< Einzelbuchstaben schreibt man groß, wenn in Zusammensetzungen die Form des Buchstabens gemeint ist oder wenn sie für ein Substantiv stehen. Wenn der Kleinbuchstabe gemeint ist, schreibt man klein.

- *S-Linie, V-Ausschnitt, X-förmig, O-beinig, Y-Chromosom, A-Dur, T-Shirt*
- *Das ist von A bis Z erfunden.*
  E-Laut, das hohe C, sich nicht ein X für ein U vormachen lassen
- *das Schluss-t, das h in Föhn*

17. Zeitangaben

Schwierigkeiten bereitet oft die Groß- und Kleinschreibung von Zeitangaben (Tage, Tageszeiten). Das kommt daher, dass diese Wörter sowohl als Adverbien als auch als Substantive verwendet werden.

- *Wir gehen montags ins Kino.*
- *Wir gehen am Montag ins Kino.*

>!< Großgeschrieben werden Zeitangaben als Substantive. Dazu gehören die Wochentage sowie Zeitangaben, denen ein Artikel oder eine Präposition vorangeht. Wenn die Zeitangaben als Adverbien verwendet werden, schreibt man sie klein.

- *Heute ist Montag, der 1. April.*
  Ich gehe am Sonntag ins Kino.
  Der Abend war sehr schön.
- *Wir treffen uns montags zum Skat.*
  Der Zug trifft morgen gegen 16 Uhr ein.
  Die Besprechungen finden nachmittags statt.

Wird an die Zeitangabe ein *-s* angehängt wie in „montags, abends, nachmittags", so handelt es sich um ein Adverb, das kleingeschrieben wird. Geht jedoch ein Artikel voran, dann handelt es sich um ein Substantiv, das selbstverständlich großgeschrieben werden muss.

- *Ich bin abends nicht zu sprechen.*
- *Des Abends möchte ich nicht gestört werden.*

>!< Großgeschrieben werden die Bezeichnungen für Tageszeiten nach den Adverbien (Umstandswörter) „vorgestern, gestern, heute, morgen und übermorgen".

Wir waren vorgestern Abend im Kino.
Heute Morgen gab es Eier und Schinken zum Frühstück.

Die Zeitangabe „früh" ist kein Substantiv, deshalb schreibt man sie in Verbindung mit den gerade genannten Adverbien „vorgestern, gestern, morgen" usw. klein. Nur in der Form als Substantiv schreibt man sie groß:

- *Unser Chef kommt morgen früh zurück.*
- *Die Bergwanderer werden morgen in aller Frühe aufbrechen.*

Im Folgenden sind wichtige Fälle der Groß- und Kleinschreibung aufgelistet.

der Morgen, der Abend, gestern, heute, morgen, morgens, am Nachmittag, gegen vormittags, mittags, nachmittags, Mittag, dieser Vormittag, abends, nachts, frühmorgens, am vorigen Freitag, spätabends, mittwochs, dienstagabends, Sonntag, der Dienstagabend, donnerstags, tagsüber, am Montagabend, die Nacht, heute früh, freitags, nachmittags, über Nacht, bei Nacht, sonntags nachts, Dienstag früh, Sonntagnacht, gestern Abend, heute Morgen, heute Nacht, Montagmittag, Dienstagmitternacht

18. mal/Mal

Ein besonderer Fall in der Groß- und Kleinschreibung ist die korrekte Schreibung von „mal/Mal“, die gleichzeitig unter die Rubrik „Getrennt- und Zusammenschreibung“ fällt.

>!< Groß schreibt man „Mal“, wenn das Substantiv gemeint ist, was man oft an der Beugungsendung oder an Begleitwörtern erkennen kann. Klein- und zusammengeschrieben wird „mal“ in Zusammensetzungen und in der umgangssprachlichen Bedeutung von „einmal“. Bei besonderer Betonung ist auch Getrennt- und Großschreibung möglich.

Großschreibung:

mit einem Male,
mehrere Male,
zum wiederholten Mal,
das erste Mal,
ein anderes Mal,
es gibt kein nächstes Mal,
manches Mal,
viele Male,
Millionen Mal,
von Mal zu Mal,
etliche Male

Kleinschreibung:

einmal, keinmal, zweimal/2-mal, auf einmal, ein paarmal, achtmal/8-mal, diesmal, manchmal,

kommt mal her,
komm mal her,
öfter mal was Neues

Bei besonderer Betonung:

acht Mal, ein Mal
Beide Wörter sind gleichermaßen betont.

19. Zusammenfassung

Die folgende Übersicht stellt vereinfacht wichtige Regeln der Groß- und Kleinschreibung dar.

Groß schreibt man:	Klein schreibt man:
Satzanfänge	Fügungen aus Adjektiven und Substantiven, die keine Eigennamen sind
Eigennamen	
Substantive	die vertrauliche Anrede
substantivierte Infinitive substantivierte Adjektive substantivierte Pronomen	Ableitungen von Personennamen Verben
	Adjektive und Partizipien
Die Anredepronomen „Sie" und „Ihr" (Höflichkeitsform)	Pronomen

<table>
<tr><th>Groß schreibt man:</th><th>Klein schreibt man:</th></tr>
<tr><td>substantivierte Zahlwörter

unbestimmte Zahladjektive

Adjektive in festen Verbindungen

Zeitangaben als Substantive
Tageszeiten in Verbindung mit „heute“, „vorgestern“, „gestern“, „morgen“ oder „übermorgen“

Sprachbezeichnungen in Verbindung mit Präpositionen
Paarformeln zur Bezeichnung von Personen</td><td>Zahlwörter

Zeitangaben als Adverbien</td></tr>
<tr><td colspan="2">Groß- oder Kleinschreibung:</td></tr>
<tr><td colspan="2">Superlative mit „aufs“ dürfen sowohl groß- als auch kleingeschrieben werden.</td></tr>
</table>

II. Zusammen- und Getrenntschreibung

Normalerweise werden zwei in einem Text aufeinander folgende Wörter getrennt geschrieben. In bestimmten Fällen schreibt man sie jedoch zusammen. Zusammengeschrieben werden nur Wörter, die man als eine begriffliche Einheit versteht oder verstanden wissen will. Ist dies der Fall, so entsteht eine *Zusammensetzung*. Wenn hingegen die selbstständige Bedeutung der einzelnen Wörter hervorgehoben ist oder hervorgehoben werden soll, schreibt man getrennt. Es entsteht eine *Wortgruppe*.

>!< Bestandteile von *Wortgruppen* schreibt man auseinander.

sich hinten anstellen, in Hinsicht auf, etwas ganz fest halten, Maß halten, etwas beiseite legen, etwas auf die Seite legen, etwas in Frage stellen, in der Folge, in der Sonne baden, der Umstände halber

>!< Bestandteile von *Zusammensetzungen* schreibt man zusammen.

hintanstellen, hinsichtlich, etwas hinausschieben, hinübergehen, Seitenlage, infrage stellen, infolge, sonnenbaden, umständehalber, maßregeln

In Zusammensetzungen oder in Wortgruppen können verschiedenste Wortarten miteinander kombiniert sein: Substantiv, Verb, Adjektiv, Partizip, Adverb. Das zweite Wort einer Zusammensetzung nennt man *Grundwort,* das erste heißt *Bestimmungswort.* In vielen Fällen ist es dem Schreiber überlassen, ob er eine Wortverbindung als *Wortgruppe* auffasst (Getrenntschreibung) oder als *Zusammensetzung.* Es sind dann beide Schreibweisen möglich.

>!< Nur eine Schreibweise ist hingegen erlaubt, wenn folgende Bedingungen erfüllt sind:
1. Wenn der erste oder zweite Bestandteil einer Wortverbindung nicht als selbstständiges Wort vorkommen kann, wird immer zusammengeschrieben.

kundgeben, fehlschlagen, feilbieten, schnellstmöglich, weismachen, wissbegierig

2. Wenn der erste oder zweite Bestandteil einer Wortverbindung in irgendeiner Form erweitert ist, schreibt man immer getrennt.

kilometerweit – *viele Kilometer weit*
irgendein – *irgend so ein*

☺ Eine Hilfe bei der Entscheidung, ob eine Wortverbindung zusammen- oder getrennt geschrieben werden soll, bietet folgende Überlegung: Wenn beide Wörter bei lautem Vorsprechen gleich stark betont werden, schreibt man sie getrennt. Liegt die Betonung hingegen eindeutig auf dem ersten Wort, schreibt man zusammen.

- *Er hat sein zweistündiges Referat frei* (ohne abzulesen) *gesprochen*.
- *Das Gericht hat den Angeklagten freigesprochen* (ihn für unschuldig erklärt).

1. Zusammensetzungen mit Verb

>!< Zusammensetzungen aus zwei Verben, deren eines im Infinitiv steht, schreibt man generell getrennt. Es spielt dabei keine Rolle, ob es sich um eine konkrete Bedeutung oder eine Bedeutung im übertragenen Sinn handelt.

bestehen bleiben, bleiben lassen, fallen lassen, flöten gehen, gehen lassen, haften bleiben, hängen lassen, kennen lernen, laufen lassen, lieben lernen, liegen bleiben, ruhen lassen, schätzen lernen, sein lassen, sitzen bleiben, spazieren fahren

Im Satzzusammenhang

- *Er hat die Zeitung im Zug liegen lassen.*
- *Marion hat Peter auf der Party links liegen lassen* (= nicht beachtet).

>!< Verbindungen von Partizip und Verb werden immer getrennt geschrieben.

- *Die Polizei wollte ihn gefangen nehmen.*
- *Sie hat viel geschenkt bekommen.*
- *Patrick hat von seinem großen Bruder viele wichtige Dinge gesagt/mitgeteilt bekommen.*

Verbindungen mit „zusammen" gehören nicht in diese Kategorie, denn „zusammen" ist für sich genommen kein Partizip, sondern ein abtrennbarer Partikel. Man schreibt solche Verbindungen im Infinitiv, im Partizip sowie im Nebensatz bei Endstellung des Verbs mit dem Verb zusammen:

- *Manche Wörter müssen Sie getrennt schreiben, andere müssen Sie zusammenschreiben.*
- *Wir sind heute hier zusammengekommen, um einen Beschluss zu fassen.*
- *Marc und Vanessa haben geheiratet, weil sie zusammenbleiben wollen.*

Wenn „zusammen“ in der Bedeutung von „gemeinsam, gleichzeitig“ gebraucht wird, schreibt man getrennt.

Toni und Robert sind zusammen gekommen (= gemeinsam gekommen, gleichzeitig angekommen).

Dies ist auch der Fall bei dem Wort „wieder“. Wird es in der Bedeutung „erneut, nochmals“ gebraucht, schreibt man getrennt; hat es die Bedeutung „zurück, nach“ wird zusammengeschrieben. An der unterschiedlichen Betonung ist der Unterschied meistens leicht zu erkennen:

- *Ich musste den Klempner, der vergangene Woche das Abflussrohr repariert hatte, gestern wieder holen (erneut/nochmals holen).*
- *Ich muss meine Bücher wiederholen* (= zurückholen).

Verbindungen von Substantiv und Verb schreibt man in den meisten Fällen auseinander. In einer Reihe von Wörtern ist das Substantiv verblasst, dann schreibt man zusammen. Muss bei geändertem Satzbau das verblasste Substantiv abgetrennt werden, dann schreibt man es klein.

Getrenntschreibung:

er muss Acht geben; wir wollen Auto fahren; die Firma wird Bankrott gehen; ich bin Rad gefahren; sie kann gut Maschine schreiben; der Finanzminister muss Maß halten; Sie dürfen das Motorrad gerne Probe fahren.

Zusammenschreibung:

wir werden bald heimreisen; er hat uns irregeführt; sie wird ihr Geheimnis niemals preisgeben; nächste Woche wird die Preisverleihung stattfinden; Robert wird am Wettbewerb teilnehmen; damit kann sie einiges wettmachen

Aber in manchen Satzkonstruktionen werden diese Verben dennoch in ihre Bestandteile zerlegt.

Sie reisen nun doch nicht heim.
Er bringt sie heim.
Mit diesem Trick führte er uns irre.
Sie gab ihr Geheimnis nicht preis.
Er hielt dem Druck stand.
Nimmt Robert am Wettbewerb teil?
Damit macht sie einiges wett.

Bei einigen Wörtern bilden Substantiv und Verb allerdings eine untrennbare Zusammensetzung und werden immer zusammengeschrieben, auch wenn sich der Satzbau verändert.

- *Dieses Gerät ist leicht zu handhaben.*
  Das Flugzeug musste notlanden.
  Wir sollten nicht länger wehklagen.
  Hieraus lässt sich folgendes schlussfolgern: ....
- *Das Flugzeug notlandete. Der Detektiv schlussfolgerte richtig.*

Nicht immer kann eindeutig entschieden werden, ob eine Verbindung aus Substantiv und Verb eine Zusammensetzung oder eine Wortgruppe darstellt. In solchen Fällen ist es dem Schreibenden überlassen, sich für eine Möglichkeit zu entscheiden und entweder zusammen- oder auseinander zu schreiben. Zusammenschreibung bedeutet, dass man die Verbindung als Zusammensetzung auffasst, bei Getrenntschreibung versteht sie der Schreibende als Wortgruppe. Dann schreibt er das Substantiv groß.

- *Er danksagte allen, die ihm gratuliert hatten.*
  Sie konnte gut mit ihren Kräften haushalten.
- *Er sagte allen Dank, die ihm gratuliert hatten.*
  Sie konnte gut mit ihren Kräften Haus halten.

>!< Verbindungen von Adjektiv und Verb schreibt man getrennt, wenn das Adjektiv steigerbar ist oder durch „sehr“ oder „ganz“ erweitert werden kann. Lässt sich das Adjektiv nicht steigern, wird die Verbindung zusammengeschrieben. Die Verneinung mit „nicht“ zählt nicht zu den Erweiterungen.

- *Sören kann gut schreiben,*
  aber Tina kann besser schreiben.
- *Diese Frage muss offen bleiben.*
  (Diese Frage muss ganz offen bleiben).
- *Wir werden Ihnen den Rechnungsbetrag gutschreiben* (= anrechnen; ein „sehr“, „ganz“ oder „besser“ anrechnen ist nicht möglich).
- *Wir wollen ihn doch nicht bloßstellen.*
  Der Arzt konnte ihn nicht krankschreiben.

Diese Regel ist im Grunde genommen klar und einfach. Dennoch kann sie in bestimmten Fällen zu Verwechslungen führen; dann nämlich, wenn man die bei einigen Verbindungen auftretenden Bedeutungsunterschiede nicht berücksichtigt:

„Großschreiben“ wird zusammengeschrieben, wenn man „mit großen Anfangsbuchstaben schreiben“ meint. Will man jedoch ausdrücken, dass etwas „in großer Schrift“ geschrieben wird, schreibt man auseinander. In diesem Fall ist der Begriff nämlich steigerbar: Man kann auch in größerer, in sehr großer, ja in ganz großer Schrift schreiben.

>!< Alle Verbindungen aus Adjektiv und Verb, bei denen das Adjektiv auf „-ig“, „-lich“ oder „-isch“ endet, werden immer auseinander geschrieben, auch wenn das Adjektiv nicht steigerbar ist.

fertig stellen, flüssig machen,
heilig sprechen, heimlich tun,
müßig gehen, ruhig stellen,
selig preisen, übrig bleiben,
übrig lassen, kritisch denken

>!< Bilden zusammengesetzte Adverbien mit Verben eine Wortgruppe, schreibt man diese immer auseinander.

abhanden kommen, anheim stellen,
allein erziehen, allein erziehend,
anders denkend, anders lauten, anders
lautend, auswendig lernen, barfuß laufen,
beieinander bleiben, beiseite legen,
daheim bleiben, fürlieb nehmen, nichts
sagend, überhand nehmen, unten stehend,
vonstatten gehen, vorlieb nehmen,
zugute halten, zueinander finden,

zugute kommen, zunichte machen,
zupass kommen, zustatten kommen,
zuteil werden

Bei einigen adverbialen Fügungen ist es möglich, diese sowohl als Zusammensetzung (z. B. „infrage, zugrunde, zutage"), wie auch als Wortgruppe („in Frage, zu Grunde, zu Tage") aufzufassen. Es sind also beide Schreibweisen, Zusammen- oder Getrenntschreibung, möglich.

als Zusammensetzung:

infrage stellen, instand setzen,
zugrunde liegen, zuleide tun,
zurande kommen, zuschulden kommen lassen,
zutage fördern

als Wortgruppe:

in Frage stellen, in Stand setzen,
zu Grunde liegen, zu Leide tun,
zu Rande kommen, zu Schulden kommen,
zu Tage fördern

Verbindungen mit „auseinander, aufeinander, beieinander, durcheinander, hintereinander, ineinander" usw. schreibt man immer getrennt.

Sie brauchen nicht hintereinander gehen.
Bei uns können Sie nebeneinander sitzen und zueinander finden.
Doch sollte Sie dies nicht durcheinander bringen.

>!< Adverbien mit der Endung „-wärts“ werden in Verbindungen mit Verben immer auseinander geschrieben. Mögliche Bedeutungsunterschiede können nicht durch die Schreibweise verdeutlicht werden.

- *Er konnte auch mit Anhänger rückwärts fahren.*
- *Wir machten keine Pause, weil wir auf unserem Weg noch etwas vorwärts kommen wollten. – Er nahm keine Rücksicht auf seine Gesundheit, weil er vorwärts kommen wollte* (= Karriere machen wollte).

>!< Verbindungen mit „sein“ gelten nicht als Zusammensetzungen. Man schreibt sie immer getrennt.

an sein, auf sein, außerstande sein, beisammen sein, dabei sein, fertig sein, hier sein, hinterher sein, imstande sein, um sein, vorbei sein, zufrieden sein, zurück sein, zusammen sein

Bei „außerstande, imstande, zumute" sind beide Schreibweisen möglich.

außerstande sein – außer Stande sein
imstande sein – im Stande sein
zumute sein – zu Mute sein

2. Wortverbindungen mit Adjektiv/Partizip

>!< Ist der erste Bestandteil einer Verbindung mit einem Adjektiv ein Partizip, dann schreibt man getrennt. Zwei aufeinander treffende Adjektive werden auseinander geschrieben, wenn der erste Bestandteil eine Ableitung auf „-ig", „-isch" oder „-lich" ist. Wenn der erste Bestandteil gesteigert oder erweitert ist bzw. werden kann, muss man ebenfalls getrennt schreiben.

- *Seine Zähne sind blendend weiß.*
  Das Wasser war kochend heiß.
  Strahlend hell stand die Sonne am Himmel.
  Es wehte ein beißend kalter Wind.

- *Das Wasser ist gelb<u>lich</u> grün. Mikroskop<u>isch</u> kleine Partikel schwimmen darin. Die Blätter färben sich herbst<u>lich</u> gelb. Der Berg ist ries<u>ig</u> groß.*

- *Diese Gegend ist dünn besiedelt.*
  Das Buch ist aber klein gedruckt.
  Er hat sein Sporthemd ganz nass geschwitzt.

>!< Wortverbindungen mit einem Adjektiv oder Partizip an zweiter Stelle können in bestimmen Fällen sowohl als Wortgruppe wie auch als Zusammensetzung verstanden werden.

- *Die Versammlung war nicht öffentlich.* (Wortgruppe)
- *Die Versammlung war nichtöffentlich.* (Zusammensetzung)

In den meisten Fällen schreibt man solche Verbindungen getrennt. Dies betrifft auch „selbst ernannt, selbst gebacken, selbst gemacht“.

ein selbst ernannter Experte,
ein selbst gebackener Kuchen,
ein selbst gemachtes Modellschiff,
ein selbst gestrickter Pullover,
selbst verdientes Geld

Es existierten allerdings auch Ausnahmen:

ein selbstbewusster Mensch,
ein selbstverliebter Schnösel

>!< Wortverbindungen mit einem Partizip als Grundwort bilden nur dann eine Zusammensetzung, wenn auch das dem Partizip zugrunde liegende Verb eine Zusammensetzung bildet.

- *Sie kauft häufig tiefgefrorenes Gemüse.*
- *Wollen Sie das Gemüse tiefgefrieren?*

Entsprechend gilt: Wird der Infinitiv eines Verbs getrennt geschrieben, schreibt man auch seine Partizipformen stets auseinander.

Infinitivform	Partizipform
nahe stehen	*nahe stehend*
nahe liegen	*nahe liegend*
hintereinander gehen	*hintereinander gehend*
Staaten bilden	*Staaten bildend*
Rad fahren	*Rad fahrend*
verloren gehen	*verloren gegangen*
abwärts gehen	*abwärts gegangen*
gefangen nehmen	*gefangen genommen*
geheim halten	*geheim gehalten*
kennen lernen	*kennen gelernt*
Not leiden	*Not leidend*
durcheinander bringen	*durcheinander gebracht*
vorwärts kommen	*vorwärts gekommen*

>!< Adjektive und Partizipien als Grundwörter können mit allen Wortarten Zusammensetzungen bilden. Man schreibt diese zusammen, wenn der erste Bestandteil für eine Wortgruppe steht, ein Fugenelement (z. B. ein „s") eingefügt ist, einer der beiden Bestandteile in dieser Form nicht selbständig vorkommt oder wenn zwei gleichrangige Adjektive zusammengesetzt sind.

- *angsterfüllt* (= von Angst erfüllt), *hitzebeständig* (= gegen Hitze beständig), *jahrelang* (= mehrere Jahre lang)
- *altersschwach, lebenslustig, werbewirksam*
- *einfach, zweifach, letztmalig, redselig, schwerstbehindert, blauäugig, kleinmütig, vieldeutig*
- *blaugrau, dummdreist, nasskalt, taubstumm*

>!< Wortverbindungen mit „irgend-" schreibt man grundsätzlich zusammen. Nur wenn der zweite Bestandteil erweitert ist, wird auseinander geschrieben.

- *irgendein, irgendeine, irgendetwas, irgendjemand, irgendwas, irgendwer, irgendwie, irgendwo*

- *irgend so ein, irgend so eine, irgend so einer, irgend so etwas*

3. Zusammensetzungen mit „zu“

>!< Das Wort „zu“ in Verbindung mit einem Infinitiv wird getrennt geschrieben. Es ist dann unbetont. Ist „zu“ jedoch Bestandteil einer Zusammensetzung mit eigener Bedeutung, schreibt man zusammen. Es ist dann betont.

- *Du brauchst die Tür nicht zu schließen* (= zumachen).
- *Würdest du die Tür bitte zuschließen* (= absperren)?
- *Da ist nichts zu machen.*
- *Würdest du bitte das Fenster zumachen* (schließen).

Wenn das getrennt geschriebene „zu“ auf ein mit „zu“ zusammengeschriebenes Verb trifft, schreibt man die ganze Verbindung zusammen.

- *Du brauchst deinen Fehler nicht zuzugeben.*
- *Wegen mir brauchst du das Fenster nicht zuzumachen.*

III. Schreibung mit Bindestrich

Die deutsche Sprache bietet die Möglichkeit, aus beliebig vielen Wörtern zusammengesetzte neue Begriffe zu bilden. Man kann diese Wortschöpfungen zusammenschreiben oder aber mit Bindestrichen durchkoppeln. Dadurch lassen sich lange Wörter übersichtlicher machen. Auch können mithilfe des Bindestrichs einzelne Bestandteile in zusammengesetzten Wörtern hervorgehoben und dadurch besonders betont werden. Der Bindestrich zeigt ferner die Auslassung eines Wortteils an, dient der Hervorhebung, steht in Zusammensetzungen mit einzelnen Buchstaben und Ziffern sowie Abkürzungen und kennzeichnet eine Aneinanderreihung.

1. Substantive

>!< Zusammengesetzte Substantive benötigen im Allgemeinen keinen Bindestrich. Wo aber Missverständnisse entstehen könnten, Zusammensetzungen unübersichtlich werden oder einzelne Bestandteile einer Zusammensetzung besonders hervorgehoben werden sollen, kann man einen Bindestrich setzen.

- *Dunstabzugshaube, Baumwollspinnerei, Fußballspiel, Farbfernsehgerät*

- *Sein Musiker-Leben galt der Trompete. Intensiveres Musik-Erleben mit HiFi-Lautsprecherboxen!*
- *Straßenbau-Verwaltungsdirektor, Ultraschall-Messgerät, Lotto-Annahmestelle, Scheinwerfer-Reinigungsanlage*
- *die Ich-Erzählung, das Nach-Denken, die Kann-Bestimmung*

Der Bindestrich sollte so gesetzt werden, dass sinnvolle und übersichtliche Wortteile entstehen. Statt „Schiff-Fahrtslinie" besser „Schifffahrts-Linie". Man sollte immer zuerst überlegen, welche Bestandteile zusammengehören; also nicht „Lottoannahme-Stelle", sondern „Lotto-Annahmestelle".

>!< Der Bindestrich steht als Ergänzungsbindestrich bei zusammengesetzten Wörtern, deren gemeinsamer Bestandteil nur einmal genannt wird. Abgeleitete Wörter sollten mit einem solchen Strich aber besser nicht verkürzt, sondern ausgeschrieben werden. Sind bei drei- und mehrgliedrigen Zusammensetzungen die ersten und letzten Glieder identisch, so können diese weggelassen werden.

- *Liebes- und Geldsorgen, Schallplattenverkauf und -versand,*

Sommer- und Winterschlussverkauf
- nicht: *Lieb- und Freundschaften,*
  sondern: *Liebschaften und Freundschaften*
- *Landessozial- und -innenminister, Spirituoseneinfuhr- und -ausfuhrverordnung*

>!< Stehen mehrere Buchstaben oder Wörter vor einem Grundwort, so wird die gesamte Fügung durch Bindestriche verbunden. In substantivischen Kopplungen wird das erste Wort auch dann großgeschrieben, wenn es sich nicht um ein Substantiv handelt. Stehen vor einem substantivisch verwendeten Infinitiv mehrere Wörter, die diesen Infinitiv näher bestimmen, so wird die gesamte Fügung ebenfalls durch Bindestriche verbunden.

- *Rhein-Main-Halle, U-Bahn-Unfall, Otto-Richter-Straße, Mund-zu-Mund-Beatmung*
- *In-dubio-pro-reo-Grundsatz, Do-it-yourself-Handwerker*
- *das Aus-der-Haut-Fahren, das In-den-Tag-Hineinleben, das In-Betrieb-Nehmen, das Nicht-mehr-fertig-Werden*

>!< Treffen in Zusammensetzungen drei gleiche Buchstaben aufeinander, so darf ein Bindestrich ge-

setzt werden. Die Schreibweise ohne Bindestrich ist aber ebenfalls korrekt.

- *Tee-Export, Armee-Einheit, Hochsee-Erfahrung, Auspuff-Flamme, Schiff-Fahrt*
- *Teeexport, Armeeeinheit, Hochseeerfahrung, Auspuffflamme, Schifffahrt*

>!< Ein Bindestrich steht in Zusammensetzungen mit einzelnen Buchstaben, mit Ziffern und mit Formelzeichen. Wortendungen wie „-ig" und „-er" werden ohne Bindestrich angeschlossen. Vor Nachsilben steht nur dann ein Bindestrich, wenn sie mit einem Einzelbuchstaben gekoppelt sind.

- *Es-Dur, Fugen-s, L-förmig, x-Achse, V-Ausschnitt*
- *100-prozentig Baumwolle, 3-spaltig, 30-jährig, pH-Wert, CO_2-gesättigt,*
- *100%ig Baumwolle, 92er Hochburger Halde Spätlese,*
- *das x-te Mal, n-fach*

Wird die Wortverbindung als Zusammensetzung verstanden, steht der Bindestrich.

ein 13er-Schlüssel, eine 63er-Bildröhre, in den 60er-Jahren

☺ Verbindungen mit „Jahr“ dürfen auch ohne Bindestrich geschrieben werden.

in den 70er Jahren, in den 40er Jahren

>!< Mehrteilige Wörter aus dem Englischen (und aus anderen Fremdsprachen) dürfen wie deutsche Wörter auch durch Bindestriche übersichtlicher gemacht werden. Für gewöhnlich werden sie jedoch, genau wie die deutschen Wörter, ohne Bindestrich zusammengeschrieben.

- *Hardcovereinband – Hard-Cover-Einband; Multiplechoiceverfahren – Multiple-Choice-Verfahren; Midlifecrisis – Midlife-Crisis*
- *afroamerikanisch, Afrolook, Aftershave, Airconditioning, Cashflow, Hightech, Jobsharing, Carsharing, Jumbojet, Sciencefiction, Highfidelity, Freeclimbing*

☺ In einigen Fällen kann man zwischen Zusammenschreibung und Getrenntschreibung wählen.

Happyend – Happy End;
Highfidelity – High Fidelity;

Softdrink – Soft Drink;
Freejazz – Free Jazz

2. Adjektive

>!< Verbinden sich Adjektive, die beide ihre Eigenbedeutung bewahren, zusammen aber eine Gesamtvorstellung wiedergeben, dann kann der Bindestrich weggelassen werden. Dies gilt jedoch nur, wenn der erste Bestandteil keine Ableitung auf „-ig“, „-isch“ oder „-lich“ ist. Bei längeren Zusammensetzungen ist es der größeren Übersichtlichkeit wegen besser, einen Bindestrich zu setzen.

- *bitter-süß/bittersüß*
- *Er trug die Rede in einem feierlich-getragenen Tonfall vor.*
- nicht: *römischkatholisch,* sondern: *römisch-katholisch* (größere Übersichtlichkeit)

3. Farben

>!< Zusammengesetzte Farbbezeichnungen werden meistens ohne Bindestrich geschrieben. Bei unübersichtlichen Zusammensetzungen oder zur Verdeut-

lichung der Tatsache, dass es sich um gleichrangige Farben, nicht um eine Farbzusammensetzung handelt, kann aber ein Bindestrich gesetzt werden. Adjektive auf „-lich", die einer Farbbezeichnung vorangehen, werden jedoch immer getrennt geschrieben.

- *die Schwarzweißfotografie,*
  das blassrosa Kleid
- *das blauweißrote/blau-weiß-rote Kostüm,*
  der gelbgrüne/gelb-grüne Stoff
- *die gelblich grüne Bluse*

Trennt man ein mehrteiliges, mit Bindestrichen durchgekoppeltes Wort an einer seiner Nahtstellen, so fungiert der Bindestrich am Zeilenende zugleich als Trennungsstrich.

IV. Die Laut-Buchstaben-Zuordnung

Die deutsche Rechtschreibung beruht auf einer Buchstabenschrift. Ein gesprochenes Wort besteht aus Lauten. Buchstaben und Laute sind einander nach festgelegten Regeln zugeordnet. Jedem Laut entspricht ein Buchstabe („a" für [a]) oder eine Buchstabenverbindung wie „sch", „ch", „ng", „qu". Man unterscheidet zwischen Vokalen (a, e, i, o, u) und Konsonanten. Dazu kommen die Umlaute (ä, ö, ü) und die Diphthonge (au, äu, eu, ai, ei). Schwierigkeiten in der Rechtschreibung ergeben sich, wenn Laute gleich – wie „ai"/„ei" – oder sehr ähnlich – wie „ä"/„e" oder „g"/„k" – klingen. Eine deutliche und korrekte Aussprache ist deshalb die Voraussetzung, um ähnlich klingende Laute unterscheiden und richtig schreiben zu können. Die Zuordnung von Lauten und Buchstaben orientiert sich übrigens an der deutschen Standardaussprache, dem *Hochdeutschen*.

Nicht immer entsprechen sich aber Schrift und Klang: Für ein und denselben Laut kann es verschiedene Schreibweisen geben (z. B. „t", „tt", „dt", „th"), ein und derselbe Buchstabe kann verschiedenartig ausgesprochen werden wie das „v" in „Vase" und „Veilchen". Aus den oben genannten Gründen muss man sich für viele Wörter die Schreibweise einprägen.

Den richtigen Endbuchstaben eines ungebeugten Wortes erhält man, indem man eine gebeugte Form bildet (d. h. das Wort verlängert).

Held – Helden, Welt – Welten,
Teich – Teiche, Teig – Teige,
strahlend – strahlender,
korpulent – korpulenter

Einen Buchstaben im Wortinnern einer gebeugten Form erschließt man sich durch das ungebeugte Wort (Stammform).

er raubt – rauben,
Säume – Saum,
länger – lang

Auch ein Vergleich mit Wörtern aus derselben Familie führt zur richtigen Schreibung.

läuten – Laut,
ängstlich – Angst,
Knacks – knacksen,
endlich – Ende

Bei einigen gleich klingenden Wörtern (Homophone) kommt man über die Bedeutung zur korrekten Schreibweise.

Ähre – Ehre,
Waise – Weise,
er wird – der Wirt,
fetter – der Vetter

1. Vokale

Neben gleich und ähnlich klingenden Vokalen bereitet die unterschiedliche Kennzeichnung von lang (gedehnt) und kurz gesprochenen Vokalen Schwierigkeiten. Bei deutlicher Aussprache kann man den Unterschied zwischen kurzen und langen Selbstlauten allerdings gut hören:

lahm (lang) – *Lamm* (kurz)
Ofen (lang) – *offen* (kurz)
Mus (lang) – *muss* (kurz)

Gleich und ähnlich klingende Vokale

Zu den gleich oder ähnlich klingenden Vokalen gehören der e-Laut (e/ä), der u-Laut (u/y), der ei-Laut (ai/ei/ay/ey/y) und der eu-Laut (äu/eu/oi/oy).

>!< Meistens wird der e-Laut mit „e" wiedergegeben; diese Schreibung bleibt in allen Wortformen und Ableitungen bestehen. Mit „ä" schreibt man Wörter

häufig dann, wenn es eine Stammform mit „a" gibt.

- *leben – Lebenswerk – lebendig – verlebt – belebt – lebhaft – beleben – überleben*
- *klären – Erklärung – Kläranlage* (klar)

Nicht alle Wörter mit „ä" lassen sich aus einer Stammform erschließen. In einem solchen Fall muss man sich die Schreibung einprägen.

nicht erschließbar	erschließbar
ähnlich, Bär, dämlich, Dämmerung, Gerät, Käfer, Gräte, Käse, Mädchen, Lärm, März, Säge, spät, Träne, ungefähr, während, fähig usw.	*beschämen – Scham Geäst – Ast häkeln – Haken städtisch – Stadt Gelände – Land kläglich – Klage hässlich – Hass zärtlich – zart Pläne – Plan vorsätzlich – Vorsatz wählen – Wahl usw.*

>!< Die gleiche Schreibung von Stammwort und abgeleitetem Wort nennt man auch *Stammprinzip*. Dieses Prinzip wurde bei der Neuregelung der deutschen Rechtschreibung sogar noch um einige Fälle erweitert. Auch bisherige Ausnahmen werden jetzt konsequent nach dem Stammprinzip geschrieben.

behände – die Hand,
belämmert – das Lamm,
Bändel – das Band,
Gämse – die Gams,
Quäntchen – das Quantum,
schnäuzen – die Schnauze,
Stängel – die Stange,
überschwänglich – der Überschwang,
einbläuen – blau

In einigen Fällen sind zwei Schreibweisen nebeneinander zulässig.

aufwendig – aufwändig
(aufwenden – der Aufwand)
Schenke – Schänke
(ausschenken – der Ausschank)

Die Schreibung „Eltern" bleibt erhalten, obwohl das Stammwort „alt" lautet.

Gleich lautende Wörter (Homophone) mit unterschiedlicher Schreibweise können nur über den Sinnzusammenhang erschlossen werden:

- *Die Bekanntgabe der Lottozahlen erfolgt ohne Gewähr.*
- *Der Jäger legte das Gewehr an.*

<u>weitere gleich lautende Paare:</u>

Ähre – Ehre; Bären – Beeren;
sich wehren – sie wären;
Lärche – Lerche;
dickfellig – schwerfällig;
Geste – Gäste;
Welle – Wälle

>!< Der eu-Laut wird als „eu" oder „äu", selten auch als „oi" wiedergegeben. Zu Wörtern mit „äu" gibt es meistens eine Stammform mit „au".
Die Schreibung mit „eu" und „oi"/„oy" kann man nicht ableiten.

- *Fäulnis – faulen, geräumig – Raum Säugling – saugen, Raub – Räuber*
- *abscheulich, Beute, freuen, Greuel Seuche, vergeuden, neu, Freude, Leute*
- *ahoi, Boiler, Loipe, Konvoi, Boykott*

Einige Wörter mit „äu“ lassen sich nicht erschließen:

Knäuel, Räude, räuspern, Säule,
sträuben, versäumen

Der ei-Laut wird meistens als „ei“ geschrieben; die Wiedergabe mit „ai“ ist selten und die entsprechenden Wörter müssen daher auswendig gelernt werden. In Fremdwörtern oder Eigennamen wird der Laut auch durch „ay“, „ey“, „y“ gekennzeichnet.

- *breit, Reis, Leiter, zeichnen, pfeifen, Rhein*
- *bairisch, Detail, Emaille,*
  Hai, Hain, Kai, Kaiser,
  Brotlaib, Laich, Laie, Lakai,
  Mai, Mais, Rain, Saiteninstrument
- *Nylon, Geysir, Bayern, bay(e)risch,*
  Bayreuth, Paraguay

Bei einer Anzahl von Homophonen muss man die Schreibweise über die Bedeutung erschließen.

Leib – Laib,
Leichen – laichen,
rein – Rain,
Seite – Saite,
weise – Waise

- *Unser alter Professor ist sehr weise.*
- *Meine Freundin verlor früh ihre Eltern, sie wuchs als Waise auf.*

Der ü-Laut wird meist mit „ü", in bestimmten Fremdwörtern auch mit „y" wiedergegeben. Die jeweilige Schreibung muss man auswendig lernen.

- *amüsieren, Düne, gültig, Tribüne, Lektüre, Maniküre, grüßen, süß, Tür*
- *lynchen, anonym, Asyl, typisch, Pyramide, zynisch, Psychologie, Mythos, Symbol, mystisch, Rhythmus*

Eine deutliche Aussprache verhindert die Verwechslung von „i" mit dem ü-Laut.

Sinfonie – Symphonie,
Ziegel – Zügel,
spielen – spülen

<u>Lange Vokale</u>

Lang gesprochene Vokale werden verschiedenartig gekennzeichnet. Entweder durch Doppelvokal –

bei „i“ als „ie“ – oder durch Dehnungs-h. Diese Kennzeichnungsweisen nennt man auch Dehnung. Oft werden die langen Vokale aber auch ohne Kennzeichen, d. h. als einfache Buchstaben geschrieben.
Auch die Umlaute werden gedehnt, jedoch nie verdoppelt, ebenso wenig wie das „u“.

	Doppelvokal	Dehnungs-h	einfacher Vokal
a	*Waage*	*Gefahr*	*Rasen*
e	*Leere*	*Fehler*	*leben*
o	*Boot*	*Kohle*	*Strom*
u	–	*Stuhl*	*stur*
i	*ie: Spiel*	*ihm/Vieh*	*Maschine*
ä	–	*zählen*	*spät*
ö	–	*Höhle*	*böse*
ü	–	*fühlen*	*lügen*

Die Anzahl der Wörter, in denen ein Doppelvokal vorkommt, ist begrenzt. Diese wenigen Wörter müssen daher auswendig gelernt werden.

Aal, Aas, Haar, Maat,
Paar, paar, Saal, Saat,
Staat, staatlich, Waage,
waag(e)recht usw.

Beere, Beet, Fee, Freesie,
Galeere, Heer, Klee,
leer, Leere, Lorbeer,
Meer, Meerrettich,
Schnee, See, Seele,
Speer, Tee, Teer

Fremdwörter:
Allee, Frottee, Gelee, Kaffee,
Kakteen usw.

Boot, doof, Moor, Moos, Zoo

>!< Ein langes „i“ wird in den meisten Fällen verdoppelt, d. h. als „ie“ geschrieben; in Fremdwörtern taucht es im Auslaut in dieser Schreibung auf. Die Schreibung „ieh“ gibt es nur in wenigen Wörtern. Keine Verdopplung trotz langer Aussprache erfolgt bei dem Wort „Mine“.

- *Beispiel, lieben, Knie, schwierig, Tier, frieren, nie, vier, Trieb, sieben, kriegen, Liebe, Sieb, Betrieb*
- *Chemie, Demokratie, Melodie, Industrie, Fotografie, Orthographie*
- *erziehen, ziehen, Beziehung, fliehen, er befiehlt, er empfiehlt, er stiehlt, er lieh, er verzieh, Vieh*

In den Fremdwortendungen „-ier“ und „-ieren“ taucht das lange „i“ immer als „ie“ auf:

- *Juwelier, Klavier, Quartier, Revier, Visier*
- *abonnieren, korrigieren, zitieren, organisieren, trainieren*

>!< Ein langer Vokal wird oft durch ein Dehnungs-h ausgedrückt. Es steht vor den Buchstaben „l“, „m“, „n“ und „r“, bei einsilbigen Wörtern, die mit einem langen Vokal enden, und zwischen Vokalen.

kahl, Ehre, wohnen,
Ruhm, Höhle, Fähre

Eine Ausnahme bilden die Wörter „schon, vor, Tor, Chor, Chlor“.

>!< Durch Dehnungs-h ausgedrückter Vokal steht außerdem am Ende einsilbiger Wörter sowie zwischen Vokalen. Im zweiten Fall ist dieser Buchstabe kein reines Dehnungszeichen, sondern durchaus hörbar.

- *nah, steh!, froh, Schuh, früh*
- *nahen, gehen,*
  drohen, Ruhe,
  Mühe, Höhe, nähen

Die Dehnung mit „h" beim langen „i" gibt es nur selten:

ihm, ihn, ihr, ihnen

>!< Die meisten Wörter mit langem Vokal sind nicht besonders gekennzeichnet, d. h. sie werden mit einfachem Vokal geschrieben. Dazu gehören fast alle kurzen und sehr häufig verwendeten Wörter, außerdem „ur-" als Vorsilbe und die Nachsilben „-bar", „-sam", „-tum", „-sal".

- *da, mal, der, er, neben, dir,*
  vor, so, wo, nun, zu
- *uralt, Urlaub, Ureinwohner,*
  Urwald, urig, urplötzlich
- *wunderbar, sparsam,*
  Irrtum, Mühsal

In der Schreibung von langen Vokalen tauchen zahlreiche Zweifelsfälle in Form von Homophonen auf. Die korrekte Schreibweise erschließt man über den Sinnzusammenhang und die Bedeutung der Wörter.

Mal/mal – Mahl,
malen – mahlen,
Zuname – Zunahme,
Wagen/wagen – Waagen,
Wal – Wahl,
wahren – Waren

Leere – Lehre,
Meer – mehr,
Rede – Reede,
wer – Wehr,
Seen – sehen
Lid – Lied,
du liest – du liehst,
Mine – Miene,
Sigel – Siegel,
Stil – Stiel, wider – wieder

Bote – Boote, Moor – Mohr

Urzeit (Frühzeit) *– Uhrzeit*

spät – er späht, Blüte – es blühte

Ein häufiger Zweifelsfall ist die Schreibung von „wider/wieder" in Zusammensetzungen. Hier kommt man über das Verständnis der Wortbedeutung zur richtigen Schreibung: Das Wort „wider" wird im Sinne von „gegen" verwendet, „wieder" hat dagegen die Bedeutung „noch einmal".

- *erwidern, Widerstand, widerspenstig, widerstreben, widerstehen, widersprüchlich, Widerspruch, widerlegen, widerwärtig, zuwider, Widerhall*
- *Wiedersehen, wiederholen, wiederum, Wiedergabe, Wiedergeburt, Wiedergutmachung, wiedergewinnen, Wiederkehr, Wiederwahl*

Kurze Vokale

>!< Kurz gesprochene Vokale werden in den meisten Fällen durch einen nachfolgenden Doppelkonsonanten wie „mm", „nn", „tt" usw. oder durch zwei (und mehr) verschiedene Konsonanten gekennzeichnet. Dabei werden „kk" und „zz" in deutschen Wörtern zu „ck" bzw. „tz".

- *Ebbe, Pudding, Griff, Roggen, Mokka, hell, Galopp, Tipp, dumm, Kamm, kommen, Herr, Schnelligkeit, Geselle*

- *Kork, Volk, Herz, lenken, Imker, Bunker, Sekt, ganz*
- *Acker, Fleck, Witz, trotzen*

>!< Trotz kurz gesprochenem Vokal werden unbetonte kurze Wörter mit einfachem Konsonanten geschrieben.

am, an, ab, bis, es, hat, her, hin, im, in, man, ob, mit, von, weg, um, zum

Selbiges gilt für folgende mehrsilbige Wörter:

Brombeere, Himbeere, Herberge, Damwild

Auch in den Vorsilben „un-“, „ver-“ und den Nachsilben „-in“, „-nis“ wird der kurze Selbstlaut nicht gekennzeichnet.

unmöglich, Unsinn, Lehrerin, Erlebnis

Anders ist es, wenn einige dieser Wörter in den Plural gesetzt werden; hier liegt wieder Doppelkonsonanz vor, so etwa bei „Lehrerinnen, Erlebnisse“.

Die Kennzeichnung des kurz gesprochenen Vokals schwankt in einigen Wortfamilien und vermuteten Ableitungen: Sowohl die Schreibung mit Doppelkonsonanten als auch diejenige mit einfachem Konsonanten ist zu finden.

- *brennen, Branntwein – Brand, Weinbrand*
- *Gunst – gönnen*
- *packen, Päckchen – Paket*
- *schwellen – Geschwulst*
- *Pappe – Papier*
- *schaffen – Geschäft*

In einigen Wörtern werden Konsonanten in Angleichung an Beugungsformen desselben Wortes oder an andere Wörter derselben Wortfamilie nach dem Stammprinzip verdoppelt.

Ass (wegen *des Asses*),
Karamell (wegen *Karamelle*),
Messner (wegen *Messe*),
Mopp (wegen *moppen*),
nummerieren (wegen *Nummer*),
Steppdecke (wegen *steppen*),
Tipp (wegen *tippen*),
Tollpatsch (wegen *toll*)

Einige Homophone erfordern besondere Aufmerksamkeit beim Schreiben. Meistens verwechselt man Verbformen mit Substantiven. Achtet man aber auf die Betonung, lassen sich Fehler ausschließen.

er hemmt – das Hemd,
es hallt – der Halt,
gewandt – das Gewand,
verbannt – der Verband,
er trifft – ein triftiger Grund

Auch bei einigen Fremdwörtern wird der kurze Vokal durch Doppelkonsonanz gekennzeichnet. Meistens aber steht nur ein Konsonant, wo man eine Verdoppelung erwarten könnte, was zu Rechtschreibfehlern führen kann. Man muss sich die Schreibweise also eigens einprägen.

- *intelligent, Kommissar, Appell, Makkaroni, Pizza, Paparazzo, Annexion, Annalen*
- *Ananas, Anorak, Kapital, Literatur, Material*

2. Konsonanten

Bei der Schreibung der Konsonanten hilft eine korrekte Aussprache nur in wenigen Fällen; wie etwa im Anlaut (Wortanfang). Im Wortinnern nützt genaues Hinhören meistens kaum, ebenso wenig am Wortende. Hier ist das Verlängern des Wortes aber oft hilfreich, indem man den Plural bildet oder bei

Verben mit deren Stammform vergleicht. Trotz dieser Hilfen muss man die Rechtschreibung vieler Wörter lernen und üben, daran ändert leider auch die Erleichterung durch die neuen Rechtschreibregeln nichts.

- *danken – tanken,*
  Blatt – platt,
  gern – Kern
- *Keks – Taxi,*
  Wade – Vulkan,
  endlich – entladen
- *Feld – Felder,*
  Halt – halten,
  gib – geben

Gleich und ähnlich klingende Konsonanten

Schwierigkeiten bereiten vor allem die verschiedenen Schreibweisen für den f-Laut, den k-Laut und den x-Laut. Beim t-Laut gibt es besonders viele Schreibvarianten. Für die Unterscheidung von stimmhaften und stimmlosen Lauten existieren verschiedene Hilfen. Die Schreibung des s-Lautes bildet einen eigenen Abschnitt, da diese besonders große Probleme bei der Rechtschreibung aufwirft.

>!< Die stimmhaften Laute „b“, „d“, „g“ lassen sich von den stimmlosen „p“, „t“, „k“ am Wortanfang bei deutlicher Aussprache unterscheiden. Am Wortende und in Verbindung mit anderen Konsonanten ist dies kaum möglich, sodass man das Wort verlängern, die Stammform suchen oder verwandte Wörter finden muss.

- *bellen – pellen,*
  Deich – Teich,
  Garten – Karten

- *bunt – bunter,*
  bund – Bündel,
  Raub – Räuber

- *er singt – singen,*
  er sinkt – sinken,
  Predigt – predigen

- *Erlaubnis – erlauben,*
  anfangs – anfangen,
  Trab – traben,
  verplombt – Plombe

Bei einigen Wörtern mit „b“/„p“ kann man die Hilfen jedoch nicht anwenden, man muss sich ihre Schreibweise einprägen.

Obst, Krebs, Herbst, Erbse, Abt, Publikum, absorbieren, die Schwäbische Alb, hübsch, Oblate, Schlips, Papst, Gips, Mops, Klops, Stöpsel, Knirps, Klempner, prompt, skeptisch

Gelegentlich sind beide Schreibweisen möglich, wie etwa bei „Albtraum/Alptraum“.

Bei einigen Homophonen kann man nur aufgrund der Bedeutung herausfinden, ob mit stimmhaftem oder stimmlosem Mitlaut geschrieben werden muss.

Bad – er bat, Bund – bunt,
Weinbrand – Branntwein,
duschen – tuschen,
Geld – Entgelt, Grad – Grat,
Rad – Rat, ihr seid – seit,
Sold – ihr sollt, Spind – er spinnt,
er verband – er verbannt

Der f-Laut erscheint als „f“, „v“, „ph“, „pf“, wobei er in deutschen Wörtern meistens mit „f“ wiedergegeben wird. Mit „v“ schreibt man ihn immer in den Vorsilben „ver-“, „vor-“ ; in Fremdwörtern wird das „v“ stimmhaft als „w“ gesprochen. Die Schreibung „ph“ für den f-Laut taucht in Fremdwörtern auf. Das Schriftbild der meisten Wörter muss man sich aber einfach einprägen.

- *fehlen, fahren, fett, Fuß, Fortschritt, fertig, Fahne*
- *vergessen, Verstand, vorbei, vorsprechen, Vorsicht, Vogel, vergeblich, Versand*
- *Vase, Ventilator, Visum, Advent, nervös, Provinz*
- *Phantom, Physik, Alphabet, Strophe, Zellophan*

Bei Fremdwörtern auf „phon"/„phot"/„graph" darf statt „ph" auch „f" geschrieben werden.

Delfin/Delphin,
Fotografie/Photographie,
Geografie/Geographie,
Orthografie/Orthographie,
Megafon/Megaphon,
Fonokoffer/Phonokoffer,
fonisch/phonisch

>!< In zahlreichen deutschen Wörtern wird das „v" wie „f" gesprochen, vor allem in Verbindung mit „voll" und „viel" sowie in der Endsilbe „-iv".

Vier, Viertel, Vetter, Veilchen,
vermuten, verarzten
Vater, Vogel, Vers, Volk,

Vieh, Vlies, von, vorn,
Larve, Pulver, Frevel, brav,
Nerv, Gustav, völlig, vollenden, vollständig,
vollauf, vielleicht, vervielfältigen,
vielerlei, vielmehr, vielschichtig, Motiv, Stativ,
massiv, naiv, objektiv usw.

In manchen Gegenden wird „pf" wie „f" ausgesprochen. Eine deutliche Aussprache hilft Verwechslungen vor allem am Wortanfang zu vermeiden.

Pferd – er fährt,
Pfand – er fand,
Trumpf – Triumph,
Pfahl – fahl

Einige gleich klingende Wörter muss man voneinander unterscheiden.

Ferse – Verse, fetter – Vetter,
er fiel – viel, ich fordere – vordere,
Hafen – Bremerhaven/Cuxhaven

Der k-Laut wird im Deutschen mit „g"/„k" wiedergegeben. In einigen Gegenden spricht man „g" wie „ch" aus. Der Unterschied von „g" und „k" lässt sich nur am Wortanfang gut hören, am Wortende ist dies nicht möglich; hier hilft oft das Verlängern des Wortes. Dasselbe gilt für „g“ oder „ch“ am Wortende. Wichtig ist hier eine korrekte Aussprache. In einigen Fremdwörtern wird der k-Laut mit „c“ oder „ch“ wiedergegeben.

bang – bange, Bank – Bänke,
Tag – Tage,
Dach – Dächer,
Pfennig – Pfennige,
Teppich – Teppiche,
Camping, Clown, Clique,
Computer, Creme, clever,
Chor, Chaos, Chlor,
Chronik, Charakter

Die Schreibung von „-igt“/„-icht“ bereitet oft Schwierigkeiten. Bei Verben gibt die Stammform Aufschluss über die korrekte Schreibweise.

ermutigt – ermutigen
ermöglicht – ermöglichen
gereinigt – reinigen
verheimlicht – verheimlichen

Die Endsilben „-ig“/„-lich“ bei Adjektiven werden häufig falsch geschrieben, da sie ähnlich ausgesprochen werden. Für Adjektive, die von Substantiven abgeleitet sind, gibt es allerdings eine feste Regel.

>!< An Adjektiven, deren zugehörige Substantive auf „l" enden, hängt die Endsilbe „-ig". Die Silbe „-lich" steht nur bei Adjektiven, deren zugehörige Hauptwörter nicht auf „l" enden.

Öl – ölig,
Eile – eilig,
Nebel – neblig,
Freund – freundlich,
Irrtum – irrtümlich

Die Silbe „-ig" hängt auch an Adjektiven, deren zugehörige Substantive mit einem anderen Buchstaben als „l" enden.

Saft – saftig,
Gunst – günstig,
Gang – gängig

Ist der Unterschied zwischen „g" und „ch" in der Aussprache nicht hörbar, so ergeben sich einige gleich klingende Wörter, deren Bedeutung verschieden ist.

er fragt – die Fracht,
Jagd – Jacht,
Magd – Macht,
er kriegt – er kriecht,

du magst – du machst,
Tag – Dach, taugen – tauchen,
wagen – wachen,
Zwerg – Zwerchfell

>!< Zum Unterschied von „-k“, „-ck“, „-kk“: Einfaches „k“ bezeichnet den lang gesprochenen Vokal und steht nach „l“, „m“, „n“ und „r“. Das „ck“ kennzeichnet den kurzen Vokal; in Fremdwörtern und einigen Namen findet man auch „kk“.

Laken, spuken, welk,
Imker, tanken, Mark
Lack, spucken, wecken,
dick, Block, Blockade,
Akkord, Akkordeon, Akku, Akkusativ,
Makkaroni, Mokka, Sakko, Okkultismus,
Mekka, Marokko, Molukken

Mit der Neuregelung der deutschen Rechtschreibung schreibt man jetzt gemäß der konsequenten Anwendung des Stammprinzips.

Stuckateur (wegen Stuck)

Der x-Laut wird außer durch „x“ mit verschiedenen Buchstabengruppen wiedergegeben: durch„chs“, „cks“, „ks“ oder durch „gs“.

>!< Für die Schreibung des x-Lautes gibt es keine feste Regel. Am häufigsten ist allerdings die Schreibung mit „x" und „chs". Mit „ks" gibt es nur wenige Wörter.

- *Axt, Hexe, mixen, Nixe, Luxus, fix, Praxis, Text, Taxi*
- *Fuchs, Lurch, wachsen, sechs, Eidechse, wechseln, Wachs, Rache, aufwachen*
- *Keks, Koks, links, Murks, schlaksig*

Am besten geht man folgendermaßen vor: Man prägt sich die Schreibung der wenigen Wörter mit „ks" und der mit „x" ein. Die Schreibung mit „cks", „gs" und einiger Wörter mit „ks" kann man leicht von verwandten Begriffen ableiten. Die übrigen Wörter schreibt man mit „chs".

- *tricksen – Trick*
  augenblicks – Augenblick
  Klecks – kleckern
- *allerdings – Dinge*
  flugs – Flug
  du fragst – fragen
- *des Werks – das Werk*
  du parkst – parken

Die Fremdwortsilbe „ex-" bzw. „-ex" schreibt man immer mit „x":

Exemplar, Exil, extrem, Index, perplex

>!< Für die Schreibung des t-Lautes mit „d", „t", „tt", „dt" oder „th" gibt es kaum sichere Regeln. Allerdings existieren Hilfestellungen für die richtige Schreibung von „tot"/„tod", „end"/„ent", „Stadt"/ „statt". Bezüglich der Schreibung von „d" oder „t" lässt sich entweder durch das Verlängern des Wortes oder durch eine deutliche Aussprache Sicherheit gewinnen. Der Unterschied von „t" und „tt" liegt in der Länge bzw. Kürze des vorangehenden Vokals:

- *Seide – Seite;*
  Rad – Räder;
  Rat – raten;
- *raten – Ratten;*
  Miete – Mitte

Zur Schreibung von „tod"/„tot" sollte man sich Folgendes merken: Alle Wörter, die vom Substantiv „der Tod" abgeleitet sind, schreibt man mit „d". Dazu gehören auch die meisten zusammengesetzten Adjektive. Mit „t" schreibt man „der/die Tote" sowie die meisten Verben aus dieser Wortfamilie und das Adjektiv „tot" mit seinen Ableitungen.

Tod/tod
der Tod, Todesangst, Todsünde, Todfeind, Todesanzeige, der Scheintod, Todesstrafe, Unfalltod, tödlich, todkrank, todsicher, todernst, todmüde, todunglücklich, todbringend

Tot/tot
der/die Tote, Totenamt, Totenblässe, Totschlag, Totenkopf, Totenstille, töten, totschlagen, sich totlachen; er ist tot, halbtot, scheintot, totenblass, totenstill, der tote Punkt

Für die Entscheidung darüber, ob man „end“ oder „ent“ schreibt sollte man folgende Überlegungen anstellen: Wörter, die von „Ende“ abgeleitet sind, schreibt man mit „end“, ebenso die Endsilbe „-end“ des Partizip Präsens.
Dies kann man durch Wortverlängerung überprüfen.
Die Vorsilbe „ent-“ benutzt man zur Bildung von Verben und davon abgeleiteten Wörtern. Bei Fremdwörtern steht als Endsilbe „-ent“.

- *Endspiel, Endstation, endlich, endgültig, Endfassung, endlos, Endhaltestelle*
- *singend* (singen), *bedeutend* (bedeuten), *weinend* (weinen), *lebend* (leben)
- *ein bedeutendes Ereignis, ein weinendes Kind, eine lebende Sprache*

- *entlaufen, entbehren,entdecken, entschließen*
- *Entbehrung, Entdeckung, Entschluss*
- *Abiturient, Präsident, Absolvent, Fundament*

Zur Schreibung von „-endlich"/„-entlich": Alle Ableitungen von Wörtern, die nicht auf „d" enden, schreibt man mit „-entlich". Die Endung „-endlich" steht nur bei Wörtern, die auf „d" enden.

- *versehentlich* (Versehen), *hoffentlich* (hoffen), *namentlich* (Name), wissentlich (Wissen)
- *abendlich* (Abend), *jugendlich* (Jugend)

Ausnahme:
morgendlich (Morgen)

Die Homophone „Stadt"/„statt" haben unterschiedliche Bedeutung; alle Ableitungen von „Stadt" schreibt man mit „dt"; „statt" steht hingegen für „anstelle" oder „Stätte".

Stadt:
Ich gehe in die Stadt.
Er lebt in der Großstadt/Kleinstadt.
Er ist stadtbekannt.
Die städtischen Busse verkehren bis Mitternacht.

statt:
Geh lieber zurück statt vor.
Das Konzert wird heute stattfinden.
Sie ist in der Werkstatt.

weitere Begriffe:
Lagerstatt, an Eides statt, eidesstattlich,
Statthalter, Gaststätte

Bei manchen Wörtern mit „statt" hat diese Silbe aber auch ganz andere Bedeutung.

stattlich, stattgeben, Statthaftigkeit

Mit „dt" schreibt man nur wenige Wörter, die man sich einprägen muss.

Stadt, städtisch, er lädt (laden),
er sandte (senden), *gesandt, Gesandter,*
er wandte (wenden), *bewandt, gewandt,*
verwandt, Verwandter, Verwandtschaft,
Bewandtnis, beredt

Ähnlich ausgesprochen, aber anders geschrieben:

Versand, Beredsamkeit,
beredsam, Gewand

>!< Die Schreibung „th“ findet sich nur in Fremdwörtern und in einigen Eigennamen.

- *Theater, Apotheke, Methode, Diskothek, sympathisch, Rhythmus, Zither, Thron, Thunfisch* (auch: *Tunfisch), Pathos, pathologisch*
- *Theodor, Günther, Thomas, Goethe, Agathe*

Der s-Laut

Der s-Laut wird auf dreierlei Weise geschrieben: als einfaches „s“, als „ss“ oder als „ß“. Das einfache „s“ wird entweder stimmhaft oder stimmlos ausgesprochen; der Unterschied ist allerdings oft nicht hörbar. Das gilt vor allem in Süddeutschland. Die Buchstaben „ss“/„ß“ werden hingegen immer stimmlos gesprochen.

Zunächst muss man zwischen „s“ einerseits und „ss“/„ß“ andererseits unterscheiden.

>!< Das einfache „s“ wird am Wortanfang und im Wortinnern zwischen Vokalen stimmhaft gesprochen.

Somit unterscheidet es sich deutlich vom stimmlosen „ss"/„ß" und verursacht keine Schwierigkeiten bei der Rechtschreibung.

- *Salbe, Sonne, Sand, singen, sein, sogar*
- *Gläser, dösen, diesig, Lösung, Besen*

Im Wortinnern vor einem Konsonanten – vor allem vor „p" und „t" – und am Wortende wird das einfache „s" immer stimmlos ausgesprochen; deshalb ist kein Unterschied zu „ss"/„ß" zu hören.

- *Mist, fast, Wespe, Knospe, durstig, Hast, Mast, Rast, hastig*
- *Kurs, Preis, vorwärts, morgens, lustlos, bis*

Einige kurze und geläufige Wörter schreibt man immer mit „s", ebenso wie die Endsilben „-nis", „-wärts" und „-los". Im Plural wird einfaches „s" am Wortende zu „ss" verdoppelt.

- *aus, bis, als, etwas, was, bereits, rechts, links,*
- *Ärgernis, Ergebnis, Gefängnis, Verhältnis; vorwärts, abwärts, einwärts, auswärts; endlos, sorglos, schwerelos*

- *Ärgernis – Ärgernisse, Ergebnis – Ergebnisse, Gefängnis – Gefängnisse, Verhältnis – Verhältnisse, Kürbis – Kürbisse, Bus – Busse, Krokus – Krokusse, Zirkus – Zirkusse*

>!< Nach einem kurzen Vokal steht immer „ss“. Für den stimmlosen „s-Laut“ nach langem Vokal oder Diphthong („ei“, „eu“, „au“) schreibt man „ß“.

- *Ass, Kuss, Fluss, er muss, sie müssen, Hass, Wasser, Hessen, Schloss, Schlösser*
- *Fuß, Spaß, er aß, sie aßen, Floß, Spieß, weiß, Maß, Soße, Straße*

:-) In der Schweiz wird das „ß“ nicht verwendet, dort schreibt man den stimmlosen „s-Laut“ grundsätzlich nur mit „ss“. In einigen Gegenden ist bei bestimmten Wörtern eine andere Aussprache vorherrschend. Statt eines kurzen wird dort ein langer Vokal gesprochen. Die Rechtschreibung darf dem angepasst werden. In Österreich wird das „o“ in „Geschoss“ lang ausgesprochen; dort wird dieses Wort mit „ß“ geschrieben. Im übrigen deutschen Sprachgebiet spricht man kurz und schreibt mit „ss“.

- *Berner Strasse, weissblau*
  Sie assen Eis und hatten Spass.
- *Löss – Löß, Lössboden – Lößboden*
- *Erdgeschoß, Kellergeschoß, Obergeschoß, Wurfgeschoß*
- *Erdgeschoss, Kellergeschoss, Obergeschoss, Wurfgeschoss*

>!< Wortstämme werden gleich geschrieben. Nur wenn im Wortstamm die Lautung und damit die Aussprache wechselt, ändert sich auch die Schreibung des „s-Lautes" entsprechend. Der Wechsel von „ß" zu „ss" entspricht dann den Wechseln von „f" und „ff", „t" und „tt" und „k" und „ck".

- *das Fass, des Fasses, die Fässer,*
  das Fässchen; ich fasse, du fasst, er fasst,
  wir fassen, ihr fasst, sie fassen, fass an!,
  ich fasste, ich habe gefasst,
  nicht zu fassen!
- *reißen, ich riss, ich habe gerissen;*
  vergessen, ich vergaß, er hat vergessen
- *ich messe, ich maß, ich habe gemessen;*
  ich esse, ich aß, ich habe gegessen;
  ich treffe, ich traf, ich habe getroffen;
  ich erschrecke, ich erschrak, ich bin erschrocken;
  ich reite, ich ritt, ich bin geritten

Einige Verben haben in ihren verschiedenen Formen wechselweise sowohl kurze als auch lange Vokale. Damit ändert sich auch die Schreibung des s-Lautes – mal schreibt man „ss“, mal „ß“.

essen – er isst – sie aßen – gegessen – iss!, esst!
lassen – er lässt – sie ließen – gelassen – lass!, lasst!
fressen – er frisst – sie fraßen – gefressen – friss!, fresst!
vergessen – er vergisst – sie vergaßen – vergessen – vergiss!, vergesst!

Die Schreibung von „ss“ und „ß“ ist leicht zu unterscheiden, wenn man erkennt, ob ein kurzer oder ein langer Vokal vorhergeht. Umlaute („ä“, „ö“, „ü“) gehören zu den Vokalen und können ebenfalls kurz („ss“) oder lang („ß“) sein. Nach Diphthongen wird der stimmlose s-Laut immer durch „ß“ wiedergegeben:

kurzer Vokal:

- *Kuss, Imbiss, Pass, blass, er muss, Schloss, Boss, Ross, Ausschuss, Fluss, Schuss, Russland, Ass, Einlass, Fass, bisschen, blass, Genuss*

- *Küsse, müssen, flüssig, Schlösser, wässrig, lässig, hässlich, Rüssel, Schüssel*

langer Vokal:

- *Gruß, Fuß, Spaß, er fraß, er saß, Floß, groß, rußig, Fußball, Ruß, Maß*

- *süß, Süßigkeiten, Flöße, Größe, mäßig, Späße*

Diphthong:

Strauß – Sträuße, heißen, weiß, außen, draußen, scheußlich, Preußen

Eine größere Anzahl von Homophonen schreibt man mit „s“, „ss“ oder „ß“, wenn sie unterschiedliche Bedeutung besitzen. Hier muss man beim Schreiben besonders gut auf den Sinnzusammenhang achten, in dem das jeweilige Wort verwendet wird.

bis – der Biss – er biss,
fast – Fastnacht/Fasnacht – er fasst,
er hat geniest (niesen) *– er genießt,*
Griesgram – griesgrämig – Grieß – Grießbrei,
die Hast – du hast – er hasst (hassen),
er ist – er isst (essen),

die Küste – er küsste,
das Verlies – er verließ (verlassen),
der Mist – er misst (messen),
die Reise – die Abreise – er reist (reisen)
aber: *abreißen – er reißt* (reißen)!
du fliehst – es fließt,
weise – weismachen – weissagen – Weisheit – er weiß – weiß (Farbe) – *weißmachen*

Bei der Schreibung mit Großbuchstaben wird anstelle von „ß" immer „ss" geschrieben. Treffen dabei drei „s" zusammen, so kann man einen Bindestrich setzen, um das Wort besser lesbar zu machen.

WEISSBIER
GOETHESTRASSE
GROSSSCHREIBUNG/
GROSS-SCHREIBUNG

das/dass

Die gleich klingenden Wörter „das" und „dass" gehören verschiedenen Wortarten an. Man kann ihre Schreibung anhand ihrer unterschiedlichen grammatikalischen Aufgaben im Satz bestimmen:
Das „das" kann ein Artikel, ein Pronomen oder ein Relativpronomen sein; das „dass" ist eine Konjunktion.

Als Artikel steht „das“ direkt vor dem Substantiv oder bezieht sich auf ein weiter entfernt stehendes Substantiv. Als Pronomen weist es auf einen vorhergehenden Satz oder Sachverhalt hin. Als Relativpronomen bezieht sich „das“ immer auf ein vorangehendes Substantiv und leitet einen Nebensatz ein.

- *Wirf das Glas weg. Das Auto hat einen Totalschaden.*
- *Seine Aufgabe bestand darin, das bei einem Unfall beschädigte Auto zu reparieren* („das“ bezieht sich auf „Auto“).
- *Er hat Recht; das steht eindeutig fest. Das hat mir gut gefallen; du musst mir das unbedingt glauben. Das Geld, das wir investiert haben, ist verloren* („das“ bezieht sich auf „Geld“).

Die Konjunktion „dass“ leitet einen Nebensatz ein und steht häufig nach Verben wie „glauben, meinen, sagen, hören, wissen“ usw. oder nach unpersönlichen Ausdrücken wie „das heißt, es ist wichtig“ usw. Oft steht „dass“ in den Verbindungen „so dass“, „ohne dass“, „als dass“.

- *Wir wissen, dass das baufällige Haus dringend renoviert werden muss.*

- *Das heißt, dass man mich betrogen hat.*
  Es ist wichtig, dass wir pünktlich sind.
- *Es war so heiß, dass wir nicht schlafen konnten.*
- *Ich meine wirklich, dass wir ihn in Ruhe lassen sollten.*
- *Sie fand die Straße, ohne dass ihr jemand den Weg erklärt hatte.*
- *Es war vorgestern nachmittag zu kalt, als dass wir im Meer hätten baden können.*

Schwierig ist die Unterscheidung zwischen „das" als Relativpronomen und der Konjunktion „dass", da beide einen Nebensatz einleiten. Hier hilft die Ersatzprobe: Das „das" kann als Relativpronomen immer durch „welches" ersetzt werden, bei „dass" ist dies nicht möglich.

„das" als Relativpronomen	Ersatzprobe mit „welches"
Wirf das Glas weg, das einen Sprung hat.	*Wirf das Glas weg, welches einen Sprung hat.*
Er wartete auf das Taxi, das sich verspätet hatte.	*Er wartete auf das Taxi, welches sich verspätet hatte.*

„das“ als Relativpronomen	Ersatzprobe mit „welches“
Das Haus, <u>das</u> sie besichtigt hatten, gefiel ihnen sehr. *Dies ist das Heft, in <u>das</u> du hineinschreiben musst.*	*Das Haus, <u>welches</u> sie besichtigt hatten, gefiel ihnen sehr.* *Dies ist das Heft, in <u>welches</u> du hineinschreiben musst.*

<u>Zusammentreffen dreier gleicher Buchstaben</u>
Zwei Rechtschreibprinzipien führen zu einer vermehrten Schreibung von Wörtern mit drei aufeinander folgenden gleichen Buchstaben:
1. Nach kurzem Vokal wird im Wortstamm in der Regel der nachfolgende Konsonant verdoppelt.

2. Die Stammschreibung bleibt auch in Wortzusammensetzungen erhalten. Diese Stammschreibung gilt auch, wenn drei Vokale zusammentreffen.

nummerieren (von Nummer),
das Ass (die Asse),
der Tipp (von tippen),
der Stepptanz (von steppen),
der Tollpatsch (wie toll),
Karamellbonbon (von Karamelle)

>!< Treffen beim Zusammensetzen von Wörtern drei gleiche Buchstaben zusammen, so bleiben sie alle erhalten, seien es Konsonanten oder Vokale.

- *Fetttropfen, Betttuch, Brennnessel, Einschussstelle, Expresssendung, Fußballländerspiel, Krepppapier, Messstab, Stemmmeißel, Bestellliste, Balllokal, Basssänger, Imbissstand, Wolllappen,*
- *Armeeeinheit, Kaffeeecke, Kaffeeernte, Seeelefant, Teeei, Hawaiiinseln, Schneeeule, Brennnessel*

>!< Alle diese Wörter dürfen wahlweise auch mit Bindestrich geschrieben werden. Ist der zweite Wortteil ein Substantiv, muss er großgeschrieben werden. Bei der Worttrennung am Zeilenende ist bei Zusammensetzungen aus Substantiven sowohl die Groß- als auch die Kleinschreibung möglich.

- *schnell-lebig, schuss-schwach, griff-fest, still-legen*
- *Fett-Tropfen, Bett-Tuch, Brenn-Nessel, Express-Sendung, Fußball-Länderspiel, Mess-Stab, Stemm-Meißel, Woll-Lappen*
- *Hawaii-Inseln/Hawaii-inseln, Schritt-Tempo/Schritt-tempo, Kongress-Stadt/Kongress-stadt*

Es gibt einige wenige Ausnahmen, die man auswendig lernen muss. Diese Wörter werden auch bei der Worttrennung am Zeilenende nur mit zwei gleichen Konsonanten geschrieben.

- *Mittag* (Mitte + Tag),
- *dennoch* (denn + noch),
- *Drittel* (entstanden aus „der dritte Teil")

Trennung:
Mit-tag, den-noch, Drit-tel

Auch beim Zusammentreffen von „ck" und „k" sowie „tz" und „z" bleibt die Schreibung des Wortstamms erhalten. Es fällt kein Buchstabe weg.

Sackkarre, Deckklappstuhl,
Witzzeichnung, Lackkübel

3. Fugen-s

Das Fugen-s markiert die Verbindungsstelle von Zusammensetzungen:

Weißheitszahn,
Hemdsärmel,
frühlingshaft usw.

Die Entscheidung darüber, ob ein Fugen-s zu setzen ist oder nicht, fällt oft schwer. Es gibt viele Ausnahmen und viele Fälle, in denen der Gebrauch nicht einheitlich ist, sondern schwankt.

>!< Einige Bestimmungswörter in Zusammensetzungen fordern in der Regel das Fugen-s.

Hilfe, Geschichte,
Liebe, Bahnhof u. a.
Hilfskoch, Liebesglück, Bahnhofskiosk
aber: *hilfreich, liebreich*

Das Gleiche gilt für Bestimmungswörter auf „-tum", „-ling", „-heit", „-keit", „-schaft", „-ung", „-ion", „-tät", „-at" und „-um". Dient ein substantivierter Infinitiv als Bestimmungswort einer Zusammensetzung, benötigt man in der Regel ebenfalls das Fugen-s.

- *Brauchtumsforschung, Freundschaftsdienst, solidaritätsbereit, Lieblingsspeise, wissenschaftsfeindlich*
- *liebenswert, Schaffensfreude, leidensfähig, vorzeigenswürdig*

>!< In Zusammensetzungen mit „-steuer" und „-straße" schwankt der Gebrauch des Fugen-s.

Mehrgliedrige Zusammensetzungen werden teils mit, teils ohne Fugen-s gebildet. Bei Zusammensetzungen, die aus einem Substantiv als Bestimmungswort und einem Partizip bestehen, lässt man das Fugen-s in den meisten Fällen weg.

- *Vermögenssteuer/Vermögensteuer, Bahnhofsstraße/Bahnhofstraße*
- *Dampfschifffahrtskapitän, Handballmannschaft*
- *friedliebend, der Handeltreibende, freudespendend, karrieresüchtig* aber: *der Handelsreisende*

>!< Eine Reihe von femininen Bestimmungswörtern und von Bestimmungswörtern mit einer speziellen Endung fordert kein Fugen-s.

Dies gilt für viele einsilbige feminine Bestimmungswörter und für viele zweisilbige feminine Bestimmungswörter auf „-e". Es gilt darüber hinaus für feminine Bestimmungswörter auf „-ur" und „-ik". Zutreffend ist dies ferner für viele Bestimmungswörter auf „-er" und „-el", auf „-sch", „-[t]z", „-s", „-ß" und „-st".

- *Nachthemd, Handtasche, säurefest (die Nacht, die Hand, die Säure)*

Anders verhält es sich bei:

Liebesglück (die Liebe)

- *Naturliebhaber, politikfern (die Natur, die Politik)*
- *Weckerradio, Himmelfahrt (der Wecker, der Himmel)*

Anders verhält es sich bei:

Henkersmahlzeit (der Henker)

- *wunschlos, Reizwäsche, Blitzableiter, Preisknüller, Weißmacher, Dienstmann*

V. Zahlen und Ziffern

Zahlen kann man sowohl in Ziffern als auch in Buchstaben schreiben. Die frühere Regel, nach der die Zahlen von eins bis zwölf in Buchstaben und alle weiteren Zahlen in Ziffern zu setzen sind, gilt seit der Reform der deutschen Rechtschreibung nicht mehr. Vor allem in Statistiken und Fachtexten werden heute auch niedrige Zahlen in Ziffern gesetzt. Zu berücksichtigen ist dabei allerdings, dass ausgeschriebene hohe Zahlen schwerer zu lesen sind als in Ziffern gesetzte hohe Zahlen. So ist das Wort siebentausenddreihundertvierundfünfzig nicht auf Anhieb in seiner Bedeutung zu erschließen; anders verhält es sich bei der Ziffer 7354.

>!< Vor Abkürzungen von Maßen, Gewichten, Währungen u. a. setzt man die Zahl immer in Ziffern. Wählt man statt der Abkürzungen die vollständigen Formen, so kann die Zahl in Ziffern oder in Buchstaben gesetzt werden. In Romanen und Briefen werden Zahlen meistens in Buchstaben gesetzt.

- *500 m, 8 kg, 621,- €*
- *500 Meter/fünfhundert Meter,*
  8 Kilogramm/acht Kilogramm,
  621,- Euro/sechshunderteinundzwanzig Euro

In Romanen und Briefen gilt:

An diesem Tag feierte der Erbonkel seinen neunundsiebzigsten Geburtstag.
Zum Erreichen des neunzehnten Lebensjahres gratuliere ich dir herzlich.

>!< Ganze Zahlen, die aus mehr als drei Ziffern bestehen, werden von der letzten Ziffer ausgehend in dreistellige Gruppen geteilt, die durch einen Zwischenraum voneinander getrennt werden. Telefon-, Fax- und Postfachnummern werden dagegen von der letzten Ziffer ausgehend in Zweiergruppen gegliedert. Dezimalstellen werden von der ganzen Zahl durch ein Komma getrennt und vom Komma ausgehend in Dreiergruppen eingeteilt.

- *11 237 138 111,- €*
- *5 67 83 12 67*
- *12,388 22 m*

Bei Rechnungen wird die Zahl der Cents durch ein Komma abgetrennt. Bei der Zeitangabe wird die Zahl der Minuten von der Stundenzahl durch einen Punkt oder durch Hochstellung unterschieden:

- *28,35 €*
- *7.58 Uhr,* 7^{58} *Uhr*

>!< In Wörtern angegebene Zahlen, die unter einer Million liegen, schreibt man zusammen. Zahlen, die über einer Million liegen, schreibt man dagegen getrennt. Ableitungen, die eine Zahl enthalten, schreibt man zusammen. Zusammensetzungen, die eine Ziffer enthalten, werden mit Bindestrich geschrieben. Das Gleiche gilt für Aneinanderreihungen von Wörtern und in Ziffern geschriebenen Zahlen.

- *zweitausendsiebenhundertachtundneunzig*
- *drei Millionen achthundertachtzehn*
- *7fach/achtfach, der siebenundsechziger/ 67er Jahrgang, 8 %ig/achtprozentig*
- *ein 8-karätiger Diamant, ein 10-jähriger Junge*
- *123-PS-Motor, 10 000-Meter-Rennen, 5-Zimmer-Wohnung* (auch *Fünfzimmerwohnung)*

VI. Namen

Namen wie z. B. „Marion", „Christoph", das „Tote Meer", „Saturn" bezeichnen stets einzelne Menschen oder Dinge. Der Name steht daher im Gegensatz zu Gattungsbezeichnungen wie „Mensch", „Tisch", „Hase", „Birne", die stets auf eine durch bestimmte gemeinsame Merkmale identifizierbare Gesamtheit verweisen. Auch wenn sich ein Name auf eine Gruppe von Menschen bezieht (z. B. „die Schüler"), wird diese Gruppe damit als ein Einzelwesen von anderen Gruppen differenziert. Namen werden nicht nur von Menschen getragen, sondern verweisen auch auf Örtlichkeiten, Institutionen, literarische Werke, historische Ereignisse u. a.

1. Personen-, Völker- und Stammesnamen

>!< Personen-, Völker- und Stammesnamen schreibt man groß. Dies gilt auch für Adjektive, Zahlwörter und Partizipien, wenn sie Bestandteil des Namens sind.

- *Petra, Josef, ein Amerikaner, die Bayern*
- *Peter der Große, Karl der Kahle*
- *Karl der Fünfte, Heinrich der Achte*
- *der Gestiefelte Kater*

>!< Als Adjektive verwendete Ableitungen von Personennamen schreibt man klein. Man darf großschreiben, wenn man nach der Grundform des Personennamens einen Apostroph setzt.

- *die homerischen Epen,*
  die goetheschen Gedichte,
  die grimmschen Märchen

mit Apostroph:

- *die Homer'schen Epen,*
  die Goethe'schen Gedichte,
  die Grimm'schen Märchen

Doppelnamen, bei denen die Betonung auf nur einem Teil des Namens liegt, werden in der Regel zusammengeschrieben. Doppelnamen, deren beide Teile gleich stark betont werden, schreibt man in der Regel getrennt, mitunter auch mit Bindestrich.

- *Annemarie, Wolfdieter*
- *Karl Heinz, Karl-Heinz*

>!< Zusammensetzungen, deren Bestimmungswort ein Personenname ist, werden in der Regel zusammengeschrieben. Soll der Name besonders hervorgehoben werden, kann aber ein Bindestrich gesetzt werden. Das Wort wird dann auch insgesamt über-

sichtlicher und sein Sinn erschließt sich dem Leser dadurch schon beim ersten Hinsehen. Diese Regel hat auch dann Gültigkeit, wenn dem Personennamen als Bestimmungswort ein zusammengesetztes Grundwort folgt. Besteht die Bestimmung zu dem Grundwort aus mehreren oder einem mehrgliedrigen Namen, so muss unbedingt ein Bindestrich gesetzt werden.

- *Beethovendenkmal/Beethoven-Denkmal, Goethemuseum/Goethe-Museum*
- *Mozartgedenkfeier/Mozart-Gedenkfeier*
- *Heinrich-Böll-Ausgabe, Max-Planck-Gesellschaft*

>!< Personennamen werden in der Regel ohne Artikel verwendet. Der bestimmte Artikel steht aber, wenn der Kasus (Fall) deutlich gekennzeichnet sein soll. Er steht zudem bei Personennamen, die mit einem Adjektiv verbunden sind. Bestimmter oder unbestimmter Artikel stehen bei Personennamen, die zur Gattungsbezeichnung geworden sind.

- *Kurt ist unser bester Karatekämpfer. Mein Lieblingsschriftsteller ist Wilhelm Raabe.*
- *die besten Dramen des Euripides* (statt: die besten Dramen Euripides')
- *der alte Manfred, die gute Lisa*

- *Sie ist die Callas unseres Jahrzehnts.*
  Er ist ein wahrer Herkules.

Völker- und Stammesnamen, die von einem geographischen Namen abgeleitet sind, der mit Bindestrich geschrieben wird, behalten ihren Bindestrich bei. Kein Bindestrich steht dagegen, wenn das Fugenzeichen „-o-" auftritt oder wenn der zweite Teil der Zusammensetzung durch den ersten näher bestimmt wird.

- *ein Rheinland-Pfälzer,*
  schleswig-holsteinisch
- *die Afroamerikaner,*
  galloromanisch

Völker- und Stammesnamen werden in der Regel mit Artikel verwendet. Im Plural fällt der Artikel dann weg, wenn die bezeichnete Gruppe nicht näher bestimmt ist. Mit dem Wort „und" zusammengefasste Völker- und Stammesnamen im Plural haben gewöhnlich keinen Artikel:

- *der Südafrikaner, die Walliser, ein Preuße,*
  die Briten, die Welfen
  Die Österreicher wohnen in einem sehr
  gebirgigen Land.
- *In den baltischen Staaten leben auch*

Russen. Eine große Zahl der Gaststudenten sind Asiaten.
- *Bayern und Preußen haben oft wenig Sympathien füreinander.*

2. Geographische Namen

>!< Von geographischen Namen abgeleitete Wörter auf „-er" schreibt man immer groß. Sonstige Wörter und Adjektive auf „-isch" schreibt man in geographischen Namen dagegen nur dann groß, wenn sie Teil dieses Namens sind.

- *das Freiburger Münster, der Berliner Bär, die Schweizer Uhrenindustrie, der Kölner Dom, Münchner Weißwürste, Nürnberger Lebkuchen, das Hamburger Rathaus*
- *das Rote Meer, der Nahe Osten, die Fränkische Schweiz, der Indische Ozean*

Von geographischen Namen abgeleitete Adjektive auf „-isch" werden kleingeschrieben, wenn sie nicht Teil eines Eigennamens sind.

irisches Bier, holländische Butter, japanische Autos, kalifornische Walnüsse, fränkischer Weißwein

>!< Zusammensetzungen, deren einer Bestandteil ein geographischer Name ist und die aus einem Grundwort und einem einfachen oder mehrgliedrigen Bestimmungswort bestehen, schreibt man in der Regel zusammen. Um die Übersichtlichkeit zu verbessern, ist es aber auch hier möglich, einen Bindestrich zu setzen.
Zwingend ist der Bindestrich, wenn die Bestimmung zu dem Grundwort aus einem mehrteiligen oder aus mehreren geographischen Namen besteht.

- *Vietnamkrieg, Moselwein, Nildelta, Elberadweg*

Bindestrich ist möglich:

- *Donau-Dampfschifffahrtskapitän*

Bindestrich ist notwendig:

- *Rhein-Main-Donau-Kanal, Rhein-Main-Flughafen*

>!< Bei adjektivischen Zusammensetzungen aus geographischen Namen, in denen jedes der Adjektive seine Eigenbedeutung bewahrt, beide zusammen aber eine Gesamtvorstellung ausdrücken, kann der Bindestrich weggelassen werden. Wird das zweite Adjektiv durch das erste näher bestimmt oder tritt ein Fugenzeichen wie „-o-" auf, steht jedoch kein Bindestrich.

Zusammensetzungen aus ungebeugten Adjektiven oder den Bezeichnungen der Himmelsrichtungen schreibt man in der Regel zusammen.
Ebenfalls zusammen schreibt man die Verbindung eines geographischen Namens mit einem Adjektiv.
Die Wörter „Sankt" und „Bad" stehen vor geographischen Namen meistens ohne Bindestrich und getrennt.

- *deutschrussische/deutsch-russische Beziehungen*
- *lateinamerikanische Kochkunst, schweizerdeutscher Dialekt, serbokroatisch, indogermanisch*
- *Oberfranken, Niederbayern, Westfrankreich, Südafrika, Nordkorea*
- *frankreichverbunden, moskautreu*
- *Sankt Gallen, Bad Reichenhall*

>!< Geographische Namen haben oft keinen Artikel. Manche Länder und Landschaften machen von dieser Regel jedoch eine Ausnahme. Berge, Flüsse, Gebirge, Seen und Meere haben immer einen Artikel. Geographische Namen im Plural und einige zusammengesetzte geographische Namen werden ebenfalls mit Artikel verwendet. Bei manchen geographischen Namen schwankt allerdings der Gebrauch des Artikels.

- *Frankreich, Amerika, Sachsen*

Länder und Landschaften,
die einen Artikel benötigen:

- *die Türkei, die Schweiz, die Bretagne, der Balkan, das Tessin, die USA, die Steiermark*
- *die Zugspitze, der Main, die Alpen, der Bodensee, der Atlantik*

schwankender Gebrauch des Artikels:

- *der Iran/Iran, der Irak/Irak*

Es gibt Wortverbindungen aus Adjektiv und Substantiv, die häufig als Namen angesehen werden, aber keine sind. In solchen festen Wortverbindungen schreibt man das Adjektiv klein. Die Unterscheidung zwischen Namen und festen Wortverbindungen ist aber nicht immer leicht zu treffen. Vor allem, wenn es um den Namen von Institutionen geht, muss man hier genau aufpassen.

der griechische Salat, das olympische Feuer, das große Los, die innere Medizin, blauer Montag, das neue Jahr, der grüne Punkt, das zweite Gesicht, das schwarze Brett, der goldene Schnitt, die höhere Mathematik

aber:
das Städtische Krankenhaus Mindelheim,
die städtischen Krankenhäuser in Bayern;
die Technische Universität München,
die technischen Universitäten in Bayern;
die Freie Universität Berlin, die freien Universitäten

3. Titel, Kalendertage und historische Ereignisse

In Titeln und Amtsbezeichnungen, bei Kalendertagen und historischen Ereignissen oder Epochen schreibt man nur Artikel, Verhältniswörter – wie „von, bei, zu" – und Bindewörter – wie „und, aber" – klein. Alle anderen Wortarten – einschließlich Adjektive und Partizipien – werden großgeschrieben.

- *Erste Vorsitzende, Seine Eminenz,*
  der Regierende Bürgermeister von Berlin
  handelt es sich nicht um den Titel, dann:
  regierender Bürgermeister
- *Heiliger Abend, Weißer Sonntag*
- *das Viktorianische Zeitalter, der Kalte Krieg*

>!< Berufsbezeichnungen, die ein Adjektiv enthalten, sind keine Titel. Das Adjektiv wird daher kleingeschrieben. Mehrere vor dem Namen stehende Titel und Berufsbezeichnungen werden ohne Komma aneinander gereiht. Zu fast allen Titeln und Berufsbezeichnungen gibt es heute feminine Entsprechungen, die man auch tatsächlich verwenden sollte.

- *die medizinisch-technische Assistentin, der kaufmännische Angestellte*
- *Herr Dr. med. Dr. h.c. Werner Droschke*
- *der Professor, die Professorin;*
  der Minister, die Ministerin;
  der Graphiker/Grafiker;
  die Graphikerin/Grafikerin;
  der Friseur/Frisör, die Friseurin/Frisörin

VII. Schreibung von Fremdwörtern

Viele für uns ganz gebräuchliche Wörter stammen eigentlich aus einer ganz anderen Sprache – es handelt sich um *Fremdwörter*. Als Fremdwort bezeichnet man ein aus einer Fremdsprache übernommenes Wort, das sich in seiner Aussprache, Schreibweise und Flexion dem Deutschen nicht angepasst hat. Wörter aus anderen Sprachen, die sich im Laufe der Zeit dem Deutschen angepasst haben, bezeichnet man dagegen als *Lehnwörter* (z. B. „Straße" von lat. *strata*, „Keks" von engl. *cake*).
Die Zahl der Fremdwörter im deutschen Wortschatz ist hoch; am höchsten liegt sie in der Regel in Fachtexten. Viele Fremdwörter veralten schnell; andere ändern ihre Bedeutung. Stößt man in älteren Texten auf nicht sofort verständliche Fremdwörter, empfiehlt es sich daher, diese nachzuschlagen, da es sonst u. U. zu erheblichen Missverständnissen kommen kann.
Der Gebrauch von Fremdwörtern sollte stets überlegt erfolgen. Ein Fremdwort ist dann sinnvoll, wenn es den gemeinten Sachverhalt genauer und knapper ausdrückt als ein deutsches Wort. Auf keinen Fall sollte man Fremdwörter nur verwenden, um besonders kompetent zu wirken.

>!< Häufig verwendete Fremdwörter sind oftmals eingedeutscht und der deutschen Schreibung ange-

glichen worden. Andere, seltener benutzte Fremdwörter oder bestimmte Wörter aus dem Bildungswortschatz behalten ihre ursprüngliche Schreibweise.

- *Büro* (Bureau), *Likör* (Liqueur), *Keks* (Cakes)
- *Courage, Bourgeoisie, Slogan, okkult*

Sehr selten gebrauchte, fachsprachliche Fremdwörter, deren Zitatcharakter überwiegt, behalten ihre durchgehende Kleinschreibung bei. Sie werden zudem in Anführungszeichen oder kursiv gesetzt:

Stanley Kubrick hat mit
„Die Rechnung ging nicht auf"
eines der Meisterwerke
des „heist movie" *gedreht.*

Für einige Fremdwörter gibt es Doppelschreibungen. Es darf wahlweise die eingedeutschte Form oder die ursprüngliche geschrieben werden. Dabei sind verschiedene Fremdwortgruppen zu unterscheiden.

>!< In französischen Fremdwörtern wird „ai" zu „ai" oder „ä", „c" zu „c" oder „ss", „ou" zu „ou" oder „u", „qu" zu „qu" oder „k", „ch" zu „ch" oder „sch" und „é/ée" zu „é/ée" oder „ee".

Frigidaire/Frigidär,
Necessaire/Nessessär,
Facette/Fassette,
Bouclé/Buklee,
Kommuniqué/Kommunikee,
Chicorée/Schikoree,
Pappmaché/Pappmaschee,
Exposé/Exposee,
Varieté/Varietee,
Dekolleté/Dekolletee

Ebenso bei:

Malaise/Maläse,
Negligé/Negligee,
Rommé/Rommee,
Soufflé/Soufflee,
passé/passee,
Frappé/Frappee,
Lamé/Lamee,
Séparée/Separee

>!< In einigen französischen Fremdwörtern ist neben der Schreibung mit „nn" auch die eingedeutschte Schreibweise mit „n" erlaubt.

Bonbonniere/Bonboniere,
Chansonnier/Chansonier,

Ordonnanz/Ordonanz,
Saisonnier/Saisonier

☺ Bei der Eindeutschung von „Portemonnaie" wird „nn" zu „n" und „aie" zu „ee" (e-Laut). Auch das im Deutschen nicht gesprochene „e" nach dem „t" fällt weg.

Portemonnaie/
Portmonee

>!< Einige Einzelwörter dürfen ebenfalls auf zweierlei Art geschrieben werden:

Platitude/Plattitüde,
Vabanque spielen/va banque spielen,
vis-à-vis/vis-a-vis,
Waggon/Wagon

>!< Bei einer Reihe von Fremdwörtern aus verschiedenen Sprachen darf man zwischen ursprünglicher und eingedeutschter Schreibweise wählen:

Yacht/Jacht,
Ski/Schi,
Friseur/Frisör,
Calcium/Kalzium,
Gingko/Ginko,

Grizzlybär/Grislibär,
Hillbillymusic/Hillbillimusik,
Ketchup/Ketschup,
pushen/puschen,
Shrimp/Schrimp,
Spaghetti/Spagetti,
Trekking/Trecking

>!< In griechischen Fremdwörtern mit den Wortstämmen „phon", „phot", „graph" darf wahlweise mit „ph" oder mit „f" geschrieben werden.

Diktaphon/Diktafon,
Grammophon/Grammofon,
homophon/homofon,
Megaphon/Megafon,
Photo/Foto,
Autograph/Autograf,
Bibliographie/Bibliografie,
Geographie/Geografie,
Graphit/Grafit,
Graphik/Grafik,
Paragraph/Paragraf,
Pornographie/Pornografie,
Topographie/Topografie,
Stenographie/Stenografie,
Mikrophon/Mikrofon,
phantastisch/fantastisch

>!< Lateinische Fremdwörter mit den Endungen „-tial", „-tiell" sind von Hauptwörtern mit der Endung „-anz", „-enz" abgeleitet. Nach dem Grundsatz, dass der Wortstamm erhalten bleibt, dürfen solche Ableitungen auch statt mit „t" mit „z" geschrieben werden. Beide Formen sind erlaubt.

differential/differenzial,
Potential/Potenzial,
existentiell/existenziell,
potentiell/potenziell,
substantiell/substanziell

In Fremdwörtern wird langes „i" im Wortinnern immer ohne Dehnungszeichen geschrieben, „ie" taucht nur in den betonten Nachsilben „-ie", „-ier", „-ieren" auf.

- *Limousine, Krise, Visite, Biwak, Vitamin, Sisal, Gardine, Spionage, Siguune,*
- *Deponie, Biologie, Elixier, Turnier, zitieren, spekulieren, sortieren, kalkulieren, Spalier, Partie, Psychiatrie*

Ein lang gesprochenes „i" wird in Wörtern englischer Herkunft mit „ee" oder „ea" gekennzeichnet.

- *Beef, Evergreen, Teenager, Meeting, Weekend, Jeep, Barkeeper, Feedback*
- *Team, Beat, Hearing, Feature, Leasing, Striptease*

>!< Zusammengesetzte Fremdwörter werden meistens in einem Wort geschrieben. Ist das erste Wort ein Adjektiv oder Partizip, so ist auch die Getrenntschreibung möglich. Um der Übersichtlichkeit willen kann mitunter auch ein Bindestrich gesetzt werden.

- *Rockpoet, Teamwork, Industriekapitän, Pilotfilm Funktionsverbgefüge, Bestseller, Opportunitätsprinzip*
- *Bluejeans/Blue Jeans, Happyend/Happy End*
- *Desktoppublishing/Desktop-Publishing Feedback/Feed-back*

>!< Das Genus (grammatisches Geschlecht) eines Fremdworts im Deutschen ist oft nicht einfach zu ermitteln. Hier gibt es keine festen Regeln. Als Hinweis kann aber das Genus des deutschen Übersetzungsworts oder eines im Sinn ähnlichen Wortes dienen. Zudem haben Fremdwörter mit derselben Endung im Deutschen oft auch dasselbe Genus. Manche Fremdwörter besitzen jedoch auch ein schwankendes Genus.

- *der Humbug* nach: der Unsinn,
  der Horror nach: der Schrecken,
  das Chanson nach: das Lied
- *„-ion": die Verifikation, die Destruktion, die Kulmination* usw.
- *der/die/das Joghurt, der/das Essay*

Manche Fremdwörter bewahren im Deutschen ihre ursprüngliche Pluralendung. An diese wird keine weitere deutsche Pluralendung mehr angefügt. Manche Fremdwörter, die bereits weitgehend eingedeutscht sind, besitzen aber zwei mögliche Pluralendungen.

- *das Solo, die Soli* (nicht: die Solis);
  das Lexikon, die Lexika (nicht: die Lexikas)
- *das Thema, die Themen, die Themata*

Die englische Pluralendung „-ies" bei bestimmten Wörtern, die im Singular auf „y" enden, muss in deutschen Texten immer nach dem deutschen Muster für die Pluralbildung – also bei „y" mit „ys" – geschrieben werden.

im Englischen:

hobby – hobbies;
baby – babies,

party – parties,
lobby – lobbies

im Deutschen:

Hobby – Hobbys,
Baby – Babys,
Party – Partys,
Lobby – Lobbys

Fremdwörter, die international verbreitet sind, nennt man *Internationalismen*. Sie kommen in ähnlicher oder sogar in identischer Form in mehreren Sprachen vor.

System, Radio, Nation usw.

VIII. Worttrennung am Zeilenende

Wörter, die über das Zeilenende hinausgehen, muss man trennen. Als Trennungszeichen dient der kurze Bindestrich. Zu unterscheiden ist zwischen den Trennungsregeln für einfache Wörter und den Trennungsregeln für zusammengesetzte Wörter.
Die Trennung von Fremdwörtern kann unter Umständen problematisch sein. Auf jeden Fall wichtig ist aber die sinnvolle, leserfreundliche Trennung aller Wörter.

>!< Im Normalfall trennt man am Zeilenende so, wie sich das jeweilige Wort bei langsamem Sprechen in Silben zerlegen lässt.

Bau-er, steu-ern, na-iv,
Mu-se-um, eu-ro-pä-i-sche,
na-ti-o-nal, Fa-mi-li-en,
Haus-tür, Be-fund, ehr-lich

Steht in einfachen Wörtern zwischen Vokalen ein einzelner Konsonant, so kommt er bei der Trennung auf die neue Zeile. Stehen mehrere Konsonanten dazwischen, so kommt nur der letzte auf die neue Zeile.

- *Au-ge, Bre-zel, bei-ßen, Rei-he, Wei-mar, Trai-ning, ba- nal, trau-rig, nei-disch, Hei-mat*

- *El-tern, Hop-fen, Lud-wig, ros-ten, leug-nen, sin-gen, sin-ken, sit-zen, Städ-te, Bag-ger, Wel-le, Kom-ma, ren-nen, Pap-pe, dunk-le, fal-len, rat-tern, tip-pen*

Man darf auch einzelne Vokale am Beginn eines Wortes abtrennen („A-bend"). Das „-st-" wird wie jede andere Konsonantengruppe getrennt („Wes-te").

Grundlage für die Silbentrennung ist die *gesprochene Sprache*, nicht die geschriebenen Buchstaben! Bei Wörtern mit den Buchstabenverbindungen „ch", „sch", „ph", „rh", „th" muss man sich fragen, ob die jeweilige Kombination nur einem einzigen Laut in der gesprochenen Sprache entspricht. Ist das der Fall, dann wird sie in der Trennung auch wie ein einzelner Konsonant behandelt („la-chen" also genauso wie „la-den"). Auch „-ck-" fällt unter diese Regel.

>!< Wortzusammensetzungen und Wörter mit Vorsilbe trennt man zwischen den einzelnen Bestandteilen.

Heim-weg, Schul-hof,
Ent-wurf, Er-trag,
Ver-lust, Pro-gramm,
At-traktion, kom-plett

Da man gerade die langen zusammengesetzten Wörter nicht immer nur an den Stellen trennen will, an denen ihre Bestandteile zusammengefügt sind, muss man diese Regel als Teilregel auffassen. Zuerst schaut man, ob es sich um eine Zusammensetzung oder ein Wort mit Vorsilbe handelt. Die Bestandteile selbst trennt man dann in einem zweiten Schritt bei Bedarf wie einfache Wörter:

Schwimm[-]meis-ter,
Kon-zert[-]di-rek-tor,
ab[-]fah-ren,
ir[-]re-al,
Schreib-tisch[-]stuhl

Man sollte immer an die Lesefreundlichkeit denken und daher irreführende Trennungen vermeiden. So kann man ein Wort wie *Altbauerhaltung* auf zwei Weisen formal korrekt trennen, als: *Altbau-erhaltung*, aber auch als *Altbauer-haltung*, was leicht zu Missverständissen führen kann.

Für die Trennung von Fremdwörtern gilt: wenn man will, kann man sie wie deutsche Wörter trennen, man kann aber auch die Buchstabenkombination Konsonant + „*l*“, „*n*“, „*r*“ ungetrennt auf die nächste Zeile übernehmen.

Das Wort *Zyklus* lässt sich also korrekt auf zwei Arten trennen: einmal als „Zyk-lus“ und einmal nach Sonderregel als „Zy-klus“ („k+l“ bleibt zusammen). Gleiches gilt für „Magnet“ („Mag-net“, aber auch „Ma-gnet“ („g+n“ bleibt zusammen)) oder für „Februar“ („Feb-ruar“, aber auch Fe-bruar („b+r“ bleibt zusammen)).

>!< Fremdwörter, die in der Herkunftssprache Zusammensetzungen sind, kann man auf zwei Weisen trennen. Wer die Etymologie des Fremdwortes kennt, trennt: *Hekt-ar*, sonst trennt man *Hek-tar.*

Chry-san-the-me/Chrys-an-the-me,
in-te-res-sant/in-ter-es-sant,
Li-no-le-um/Lin-ole-um

>!< Einzelne Vokale *am Wortanfang* dürfen als Silbe abgetrennt werden:

A-cker,
U-fer,
E-ner-gie

IX. Abkürzungen

Abkürzungen sollen ein Gespräch oder einen Text von langen, umständlichen Ausdrücken befreien. Anstelle von „Personenkraftwagen" zu sprechen, ist es sinnvoller, „Pkw" zu sagen oder zu schreiben. Ansonsten gilt für den Umgang mit Abkürzungen dasselbe, was auch für den Umgang mit Fremdwörtern herausgestellt wurde. Vermeiden sollte man Abkürzungen dann, wenn ihr Gebrauch zu Missverständnissen führt oder nur der Profilierung desjenigen dienen würde, der sie verwendet. Auch die Häufung von Abkürzungen ist besser zu unterlassen.

>!< Innerhalb eines fortlaufenden Textes sollen Wörter wie „Seite, Nummer oder Band" nicht abgekürzt werden. Auch Maßeinheiten ohne konkrete Zahlenangaben werden in fortlaufenden Texten nicht abgekürzt.

- *Während ihres Urlaubs hat sie etliche Kilo zugenommen.*
- *Wir sind viele Kilometer gefahren.*
- *Das Zitat steht auf Seite 12 unter Nummer 3.*
- *Die Studenten sollen in Band 10 des Lexikons nachsehen.*

>!< Steht am Satzende eine Abkürzung mit Punkt, so ist dies gleichzeitig der Schlusspunkt des Satzes.

Wir sahen Amseln,
Finken, Meisen usw.

>!< Einen Punkt nach einer Abkürzung setzt man dann, wenn das abgekürzte Wort üblicherweise in voller Länge ausgesprochen wird. Keinen Punkt setzt man im Allgemeinen nach Abkürzungen, die man auch als solche spricht. Auch die Abkürzungen für chemische Elemente, Himmelsrichtungen und Maßeinheiten haben keinen Punkt.

Abkürzungen mit Punkt	
Dr.	*Doktor*
bzw.	*beziehungsweise*
z. B.	*zum Beispiel*
z. T.	*zum Teil*
Wdh.	*Wiederholung*

Abkürzungen ohne Punkt	
BRD	*Bundesrepublik Deutschland*
AG	*Aktiengesellschaft*
BGB	*Bürgerliches Gesetzbuch*
H	*Wasserstoff*
km	*Kilometer*
NO	*Nordost*

Einige Abkürzungen mit Punkt werden aber nicht in voller Länge ausgesprochen:

Dr. med.,
e. V., K. o.,
a. D.

Manche Abkürzungen kann man sowohl mit als auch ohne Punkt schreiben:

MdB/M.d.B.,
GmbH/G.m.b.H

>!< Die Groß- oder Kleinschreibung von Abkürzungen übernimmt man auch für Zusammensetzungen. Zwischen der Abkürzung und dem Grundwort muss ein Bindestrich stehen. Das letzte abgekürzte Wort darf in Zusammensetzungen nicht noch einmal ausgeschrieben werden. Man verwendet entweder nur die Abkürzung oder löst diese ganz auf.

Kfz-Versicherung,
UNO-Vollversammlung
km-Zähler
nicht: *ABM-Maßnahme,* sondern:
ABM oder *Arbeitsbeschaffungsmaßnahme*

>!< Einfache Abkürzungen, die am Satzanfang stehen, schreibt man groß. Mehrteilige Abkürzungen,

die mit einem kleinen Buchstaben beginnen, schreibt man, um Missverständnisse zu vermeiden, am Satzanfang besser aus.

Vgl. (=Vergleiche) Seite 3!
nicht: *M. E. hat er gelogen,* sondern:
Meines Erachtens hat er gelogen.

>!< Das Genus von Abkürzungen ist in der Regel mit dem der vollständigen Form identisch:

der Personenkraftwagen – der PKW,
die Lokomotive – die Lok
das Bürgerliche Gesetzbuch – das BGB

X. Zeichensetzung

Satzzeichen haben die Aufgabe, den Satz gedanklich und grammatikalisch zu gliedern. Sie machen die Sinneinheiten sichtbar und erleichtern dem Leser den Überblick. Ein Text ohne Satzzeichen wäre äußerst verwirrend und nur mit Mühe zu lesen. Er kann sogar missverstanden werden.

Zu den Satzzeichen gehören die so genannten Satzschlusszeichen wie Punkt, Ausrufe- und Fragezeichen. Gliederungsmöglichkeiten innerhalb des Satzes bieten Komma, Strichpunkt, Doppelpunkt, Gedankenstrich und Klammern.
Zum richtigen Zitieren sind Anführungszeichen und Auslassungszeichen ebenfalls notwendig. Eher Wortzeichen sind dagegen Bindestrich und Apostroph.

1. Punkt

Der Punkt dient in erster Linie als Schlusszeichen am Satzende. Innerhalb eines Textes bezeichnet er die Pausen zwischen den Sätzen und zeigt als Intonationszeichen das Senken der Stimme an. Der Punkt steht aber auch bei Ziffern und bestimmten Abkürzungen. Die drei Auslassungspunkte kennzeichnen Lücken im Text.

Am Satzende:

Der Punkt steht nach Aussagesätzen, nach indirekten (abhängigen) Fragesätzen und nach abhängigen Befehlssätzen. Auch nach unvollständigen Sätzen oder Einzelwörtern steht der Punkt.

Die Fahrt verlief ohne Probleme.
Am späten Abend hatten sie ihr Ziel erreicht.
Sie fragte mich, welcher Termin am günstigsten sei.
Ich verlange, dass Sie die Absprachen einhalten.
Kommst du morgen? – Gerne.

Auch eigenständige Befehlssätze können mit einem Punkt anstelle eines Ausrufezeichens enden, wenn kein besonderer Nachdruck auf der Aufforderung liegt:

Reichen Sie die fehlenden Unterlagen nach.

Keinen Punkt setzt man im Brief nach Datumsangabe, Grußformel und Unterschrift. Auch nach Überschriften, Titeln und Schlagzeilen steht kein Punkt. Dies gilt auch für Aufzählungen in Einzelteilen, für Listen und Gliederungen. Nach vollständigen Sätzen in Gliederungen brauchen ebenso keine Schlusspunkte gesetzt zu werden.

Hamburg, den 19.11.1997
Mit freundlichem Gruß
Thomas Neubauer

Schweres Erdbeben in Südkalifornien
In der Nacht zum Mittwoch
bebte in San Diego (Kalifornien)
wieder die Erde ...

Zur Anmeldung bringen Sie bitte mit:
- Ihren Personalausweis
- ein polizeiliches Führungszeugnis
- Sehtestbescheinigung
- 18,50 € Anmeldegebühr

1. Mensch und Wald
1.1 Der Mensch braucht den Wald
1.2 Der Wald ist krank

>!< Der Punkt steht nicht nach einem Aussagesatz, der als Satzglied oder Beifügung am Anfang oder innerhalb eines anderen Satzes steht.

„Schweigen ist Gold" lautet ein Sprichwort.
Er nahm sich das Motto
„Frisch gewagt ist halb gewonnen"
zu Herzen und begann
unverzüglich mit der Arbeit.

Bei Ziffern:
Der Punkt wird bei Ziffern zur Gliederung mehrstelliger Angaben verwendet.

>!< Der Punkt steht nach Ordnungszahlen; steht die Ordnungszahl am Satzende, ist er gleichzeitig Schlusspunkt.

- *der 1. Mai, Karl I., 24. Kapitel*
- *Zum letzten Mal sahen wir ihn am 29.10.*

Auslassungspunkte
>!< Man setzt die drei Auslassungspunkte, um anzuzeigen, dass eine Aussage oder ein Gedankengang nicht zu Ende geführt wurde. Sie kennzeichnen innerhalb eines Zitats die Stellen, die weggelassen wurden, da sie unwichtig erschienen. Dabei kann es sich um fehlende Wörter oder mehrere Sätze handeln.

- *Der Krug geht so lange zum Brunnen, bis er ...*
- *„Jeder hat das Recht, seine Meinung in Wort, Schrift, Druck und Bild ... frei zu äußern."*

>!< Vor und nach Auslassungspunkten bleibt der Wortzwischenraum. Fehlt nur ein Wortteil, so schließt

man die drei Punkte direkt an. Am Satzende dient der dritte Punkt als Schlusspunkt. Ein Schluss- oder Abkürzungspunkt vor der Auslassung bleibt hingegen erhalten:

- *Nenne mir einen Fluss, der mit Do... beginnt.*
  Sch... sagt man nicht!
- *Der Rest ist Schweigen. ...*
  Frankfurt a. M. ...

2. Strichpunkt

Der Strichpunkt (Semikolon) wird dann gesetzt, wenn ein Komma als trennendes Zeichen zu schwach erscheint, ein Punkt aber zu stark trennen würde. In der Regel kann ein Strichpunkt aber auch durch einen Punkt oder ein Komma ersetzt werden.

>!< In Satzverbindungen trennt der Strichpunkt Hauptsätze voneinander und zeigt an, dass ein inhaltlicher Zusammenhang besteht. Man kann den Strichpunkt vor Aussagen setzen, die eine Folgerung aus dem Vorhergehenden ziehen, eine Begründung liefern oder einen Gegensatz ausdrücken. Er steht deshalb oft vor „denn, deshalb, aber, doch, trotzdem" usw.

- *Sie hatte es kommen sehen; es war doch immer dieselbe leidige Geschichte.*
- *Die fossilen Energiereserven gehen zu Ende; deshalb muss man sparsam mit ihnen umgehen.*
- *Alle klagen über Verkehrsstaus; trotzdem fährt jeder mit dem Auto in die Stadt.*

>!< Der Strichpunkt steht statt eines Kommas in Aufzählungen und gliedert sie so, dass dem Sinn nach zusammengehörige Gruppen entstehen.

- *Meine Hobbys sind: Schwimmen, Tennis; Lesen und Musizieren; Nähen, Stricken.*

3. Doppelpunkt

Der Doppelpunkt steht am Ende eines Satzes oder eines Teilsatzes und kündigt etwas an. Dies kann eine Aufforderung sein, eine Aufzählung oder eine wörtliche Rede. Nach einem Doppelpunkt schreibt man groß weiter, wenn ein ganzer Satz folgt.

>!< Der Doppelpunkt steht, wenn etwas angekündigt wird, vor einer angekündigten Aufzählung, vor

der wörtlichen Rede und vor Zitaten, wenn diese durch einen Begleitsatz angekündigt werden.

- *Bitte beachten Sie: Das Konzert fällt wegen Erkrankung des Solisten aus!*
- *Man braucht folgende Zutaten: Mehl, Eier, Zucker, Sonnenblumenöl und Rosinen.*
- *Er sagte: „Das soll dir eine Lehre sein."*
- *Das Zitat lautet korrekt: „Er kam, sah und siegte."*

>!< Nach einem Doppelpunkt schreibt man groß, wenn ein vollständiger Satz folgt. Klein schreibt man nur, wenn danach eine Aufzählung kommt, die nicht als ganzer Satz gemeint ist oder wenn ein Satzteil folgt.

- *Jens hält sich nicht an die Spielregeln: Wir spielen nicht mehr mit ihm!*
- *Er hat alles beschmiert: den Boden, die Wände, die Fenster, das Pult.*
- *Sie fand den verlorenen Schlüssel dort, wo sie es nicht erwartet hätte: im Schlafzimmer.*

Steht die Aufzählung vor dem Doppelpunkt, wird der nachfolgende Satz kleingeschrieben, wenn der

Satzteil nach dem Doppelpunkt nicht als ganzer Satz aufgefasst wird, d. h. der Satz nicht für sich alleine stehen kann.

- *Entspannung, Sport und Geselligkeit: das alles bietet Ihnen unser Verein.*
- *Wer sich nicht an die Spielregeln hält, ständig stört, dauernd meckert, andern den Spaß verdirbt: der kann uns gestohlen bleiben.*

>!< Der Doppelpunkt kann durch ein Fragezeichen ersetzt werden, wenn ein Fragesatz zugleich eine Aufzählung einleitet. Wenn der Doppelpunkt zu schwach erscheint, kann er durch einen Gedankenstrich ersetzt werden. Wenn ein eingeklammerter Text am Ende eines hinweisenden Satzes steht, folgt der Doppelpunkt der schließenden Klammer.

- *In welche dieser Städte würden Sie am liebsten reisen? a) München, b) Rom, c) Moskau*
- *Seine Frau und seine Kinder – die sind ihm am wichtigsten.*
- *Achten Sie zunächst vor allem auf eins (Weitere Anweisungen erfolgen im weiteren Verlauf der Reise!): Unter Deck darf nicht geraucht werden!*

>!< Der Doppelpunkt dient als Divisionszeichen und als Gliederungszeichen bei der präzisen Zeitangabe. Er wird zudem verwendet, um diverse Zahlenverhältnisse anzugeben.

- *20 : 4 = 5*
- *Die Rakete startet um 05:37 Uhr MEZ.*
- *Diese Landkarte hat den Maßstab 1 : 1 000 000. Bayern München verlor das entscheidende Match mit 1 : 8.*

4. Ausrufe- und Fragezeichen

Ausrufe- und Fragezeichen sind Schlusszeichen. Sie können aber auch eingeklammert mitten im Satz stehen nach Wörtern, die besonders betont bzw. in Frage gestellt werden sollen. Bei der wörtlichen (direkten) Rede stehen Ausrufe- und Fragezeichen vor dem Anführungszeichen, wenn sie zum angeführten Satz gehören; beziehen sie sich jedoch auf den übergeordneten Satz, stehen sie nach dem schließenden Anführungszeichen. Gehören Ausrufe- oder Fragezeichen zur Anführung und zum Begleitsatz, werden sie beide Male gesetzt: Gehört ein Ausrufe- oder Fragezeichen zu einem in Gedankenstrichen oder Klammern eingeschobenen Satz oder Satzteil, so steht es vor dem schließenden Gedankenstrich oder der schließenden Klammer. Gehört ein Ausrufezeichen zu einem Satz und nicht zu einem an dessen Ende in Klammern stehenden Text, dann steht es vor dem eingeklammerten Text. Auf die schließende Klammer muss aber auch noch ein Punkt folgen.

- *Er will von München nach Venedig zu Fuß (!) gehen.*
- *Sie soll erst 25 Jahre (?) alt sein.*
- *„Lass mich endlich in Ruhe!“, rief sie wütend.*
- *Kennen Sie Goethes „Faust“?*
- *Hör auf mit dem ständigen „Lass mich in Ruhe!“!*
  Kennst du das berühmte Theaterstück „Wer hat Angst vor Virginia Woolf?“?
- *Er hat tatsächlich – es ist einfach nicht zu glauben! – sein gesamtes Vermögen im Kasino verspielt.*
  Verena schrieb mir – aber kann das wahr sein? – dass du nach Frankfurt umgezogen seist.
- *Wie sind wir alle Fremde doch!* (F. Werfel).

>!< Das Ausrufezeichen steht nach Interjektionen, nach Satzteilen und Sätzen, die eine Aufforderung, einen Befehl, einen Wunsch oder ein Verbot beinhalten. Es steht auch in Überschriften.

- *Pfui! Au! Oh! Nein, nein und nochmals nein!*
- *Kommen Sie sofort mit!*
- *Wenn ich nur helfen könnte!*
- *Parken verboten!*
- *Ein aufregender Sonntag!*

Nach Sätzen, die zwar grammatisch eine Aufforderung ausdrücken, aber ohne Nachdruck gesprochen werden, steht kein Ausrufezeichen.

Nehmen Sie einstweilen Platz.

Ausrufezeichen stehen auch nach Fragesätzen, die als Ausruf zu verstehen sind. Auch die Kombination mit dem Fragezeichen ist möglich. Nach der Anrede bei der Niederschrift einer Ansprache setzt man das Ausrufezeichen, während es im Brief weitgehend durch das Komma ersetzt wird. Nach der Grußformel im Brief steht kein Ausrufezeichen, außer es handelt sich um einen Wunsch.

- *Was erlauben Sie sich eigentlich!*
- *Kann das wahr sein?!*
  Ist das möglich?!
- *Sehr geehrte Gäste, liebes Brautpaar!*
- *Herzliche Grüße*
- *Viel Glück!*

>!< Das Fragezeichen steht nach Fragesätzen – auch in Überschriften – und nach Fragewörtern. Es steht ebenfalls nach Fragen, auf die man keine Antwort erwartet (rhetorische Fragen), nicht aber bei der indirekten (abhängigen) Frage.

- *Darf ich morgen noch einmal kommen?*
- *Warum? Weshalb? Wieso denn? Wann genau? Wer?*
- *Kannst du vielleicht in die Zukunft sehen?*
- *Sie fragte, wann sie kommen dürfe.*

Das Fragezeichen steht nach Sätzen, die aufgrund ihrer Wortstellung zwar Aussagesätze sind, durch ihre Betonung jedoch als Fragen erkennbar werden. Es steht zudem nach einzelnen Wörtern oder Satzstücken, die einen vollständigen Fragesatz vertreten. Auf Fragesätze, die ein Erstaunen oder eine Aufforderung formulieren, folgt jedoch das Ausrufezeichen.

- *Du hast ihn wirklich geküsst? Das muss wohl so sein?*
- *Verstanden?* (= Hast du mich verstanden?), *In Ordnung?* (= Ist das in Ordnung?)
- *Das meinst du doch nicht im Ernst! Wann hörst du endlich mit diesem Unsinn auf!*

5. Komma

Das Komma ist ein häufiges Satzzeichen. Es dient dazu, den grammatikalischen Aufbau eines Satzes zu verdeutlichen, den Satz zu gliedern und ermöglicht somit ein flüssiges Lesen. Eine fehlerhafte Kommasetzung kann unter Umständen den Sinn verändern. Grundsätzlich gilt, dass Nebensätze durch Kommas abgetrennt werden, ein Komma zwischen Reihungen und Aufzählungen steht sowie Einschübe und Zusätze kennzeichnet. Bei Infinitiven und Partizipien ist die Kommasetzung freigestellt. Es darf ein Komma gesetzt werden, um den Satz übersichtlicher zu machen und Missverständnisse zu vermeiden. Die Schreibenden haben hier eine Wahlmöglichkeit.

Zwischen Sätzen und Satzteilen:
Ein Satz kann aus aneinander gereihten Hauptsätzen, Satzreihe genannt, oder aus Haupt- und Nebensätzen, Satzgefüge genannt, bestehen. Das Komma dient dazu, die jeweiligen Verbindungsstellen anzuzeigen und somit lange Sätze übersichtlich und lesbar zu gestalten.

>!< Kein Komma steht in einem einfachen Hauptsatz, auch wenn dieser durch Beifügungen und Umstandsbestimmungen (z. B. Zeit- oder Ortsangaben) verlängert wird.

- *Mein Freund fährt nach München.*
- *Letztes Wochenende fuhr mein Freund mit seiner Schwester und deren Mann in seinem kürzlich erworbenen Auto über die Autobahn nach München.*

>!< Vergleiche, die mit „als" oder „wie" eingeleitet werden, trennt man nicht durch Kommas ab, wenn die folgende Wortgruppe nur ein Satzteil ist; es handelt sich dann um einen einfachen Hauptsatz. Sobald „als" oder „wie" einen Nebensatz einleiten, trennt man durch Kommas ab. Dass es sich um einen Nebensatz handelt, erkennt man in diesem Fall daran, dass er ein eigenes Verb hat.

- ohne Komma:
  In diesem Jahr regnete es mehr als in den vergangenen Jahren.
  Er benötigte für die gleiche Arbeit ebenso viel Zeit wie Peter.

- mit Komma:
  Der erste Schnee fiel früher, als man erwartet hatte.
  Unsere Reise verlief so aufregend, wie ich es erhofft hatte.
  Wir verbringen den Tag so, wie es uns gefällt.

>!< Reiht man Hauptsätze zu einem Satz aneinander (Satzreihe), so setzt man Kommas dazwischen. Dies betrifft gleichrangige Teilsätze, Wortgruppen und einzelne Wörter in Aufzählungen.

- *Die Handwerker lärmten, das Telefon läutete, jemand mähte den Rasen.*
- *Das ist ja großartig, welch ein Glück!*
- *Er wartete auf seine Frau, seinen Vater, den Vetter aus Amerika, die Tante aus Bochum.*

Sind die gleichrangigen Teilsätze, Wortgruppen oder Wörter durch „und, oder, beziehungsweise/bzw., sowie (= und), wie (= und), entweder ... oder, nicht ... noch, sowohl ... als auch, sowohl ... wie auch, weder ... noch“ verbunden, so setzt man kein Komma.

Die Handwerker lärmten und das Telefon läutete und jemand mähte den Rasen.
Er wartete sowohl auf seine Frau als auch auf seinen Vater wie auch auf seinen Vetter aus Amerika sowie auf die Tante aus Bochum.
Der Bus fährt sowohl werktags als auch am Wochenende.
Er kauft sich entweder eine neue Jacke oder einen Mantel.

Wahlmöglichkeit:
>!< Bei gleichrangingen Teilsätzen, die durch „und, oder“ usw. verbunden sind, darf man ein Komma setzen, um die Gliederung des ganzen Satzes übersichtlicher zu machen.

- *Die Großmutter backte gestern wieder ihren beliebten und bewährten Apfelkuchen, und die zahlreich erschienenen Enkel und Nachbarskinder aßen ihn restlos auf.*

- *Wollen wir heute mit Bernd, Ida und Ralf zusammen ins Schwimmbad gehen, oder wollt ihr lieber mit Olaf, Jörg und seiner Mutter einen Stadtbummel machen?*

Eingeschobene Satzteile oder Nebensätze werden durch Kommas abgetrennt:

Das Wohnhaus, ein traditioneller Holzbau, und die Stallungen brannten bis auf die Grundmauern nieder.

>!< Vor „aber, doch, jedoch, sondern“ steht ein Komma, wenn diese als Konjunktionen (Bindewörter)

zwischen gleichranigen Wörtern oder Wortgruppen stehen.

- *Der November war verregnet, aber mild.*
- *Er trinkt nicht nur Bier, sondern auch Wein.*

>!< Nebensätze grenzt man mit einfachem Komma ab. Sind sie eingeschoben, schließt man sie durch Komma ein (paariges Komma).

- *Es kam zu einem Verkehrsstau, weil die Autobahn nur einspurig befahrbar war.*
- *Der Fahrer, der Unfallflucht begangen hatte, meldete sich bei der Polizei.*

Nebensätze können durch *Konjunktionen* eingeleitet werden. Besonders häufig sind:

als, bevor, bis, ehe, nachdem,
sobald, sooft, solange, während;
wenn, weil, da, falls, sofern;
dass, so dass, als dass,
ohne dass, damit;
obwohl, wenngleich,
obgleich, wenn auch;
als ob, je ... desto

Konjunktionen im Satzzusammenhang:

Du musst fleißiger lernen,
wenn du die Prüfung bestehen willst.
Ich glaube nicht, dass er noch erscheinen wird.
Sobald sie die Arbeit beendet hat,
können wir losfahren.

Nebensätze können auch Relativsätze sein, die man daran erkennt, dass sie mit einem Relativpronomen wie „der, die, das, dessen, deren, dem, den" usw. beginnen:

Die Kinder, denen ich Schokolade geschenkt habe, kommen immer wieder.
Das Buch, das du mir geliehen hast,
ist wirklich spannend.

Nebensätze, die mit einem Wort mit „w" beginnen (wer, was, wo, wogegen, wobei, wofür, wodurch, womit, welcher, worin, worauf, wovon, wozu, worüber), werden ebenfalls immer durch Kommas abgetrennt:

Er zeigte mir, was er den ganzen Tag über gemacht hatte.
Wer nicht hören will,
muss fühlen.

>!< Die indirekte (abhängige) Rede und der indirekte Fragesatz werden durch Kommas abgetrennt.

- *Die Nachbarn sagen, er habe sich ganz zurückgezogen.*
  Er habe in dieser schrecklichen Situation einfach Angst gehabt, erklärte der Polizist.
- *Ich weiß nicht, ob wir richtig gehandelt haben. Er konnte nicht erklären, wie das Unglück geschehen war.*

>!< Mehrere Nebensätze innerhalb eines Satzes (Satzgefüge) werden durch Kommas voneinander getrennt.

- *Alle Zuschauer hofften, dass er auch das letzte Hindernis fehlerfrei überspringen würde* (= 1. Nebensatz), *nachdem er den ganzen Parcours bisher glänzend bewältigt hatte* (= 2. Nebensatz).
- *Als er die Straße hinunterging* (= 1. Nebensatz), *fiel ihm ein, dass er zu ihrem Geburtstag noch Blumen besorgen wollte* (= 2. Nebensatz).

☺ Bei formelhaften oder sehr kurzen Nebensätzen hat man die Wahlmöglichkeit, das Komma wegzulassen oder es zu setzen.

- *Wie bereits gesagt glaubt niemand mehr daran. Ich schreibe wenn nötig den Brief noch heute. Ich begreife nicht weshalb (er das tut).*
- *Wie bereits gesagt, glaubt niemand mehr daran. Ich schreibe, wenn nötig, den Brief noch heute. Ich begreife nicht, weshalb (er das tut).*

Infinitive mit „zu", Partizipien und Adjektivgruppen

Bei Infinitiv-, Partizip- oder Adjektivgruppen muss in der Regel kein Komma gesetzt werden. Es darf ein Komma gesetzt werden, um die Gliederung des ganzen Satzes deutlich zu machen und um Missverständnisse zu vermeiden. Der Infinitiv ist die Grundform des Verbs; häufig ist er mit „zu" oder „um zu" erweitert. Beim einfachen Infinitiv steht niemals ein Komma.

- *schreiben, laufen, gehen, sein, kommen*
- *zu gehen, um zu laufen, zu sein*
- *Er beschloss zu arbeiten.*
  Sie war schon lange bereit zu kommen.

Partizipien sind Formen wie „weinend, schreiend, gelaufen, geformt".
Adjektivgruppen sind Wortgruppen, die aus Eigenschaftswörtern („sprachkundig und schreibgewandt")

oder anderen Wortarten bestehen und insgesamt eine Eigenschaft bezeichnen („außer sich vor Freude", „blass vor Neid").

In all diesen Fällen ist eine Kommasetzung nicht zwingend vorgeschrieben.

In einigen besonderen Fällen ist eine Kommasetzung allerdings verbindlich. Stehen Infinitiv-, Partizip- oder Adjektivgruppen in Verbindung mit einem hinweisenden Wort, dann müssen sie mit Komma abgetrennt werden. Auch wenn sie im Laufe des weiteren Satzes direkt wieder aufgenommen werden, steht ein Komma. Durch Kommas abgetrennt werden solche Wortgruppen, wenn sie aus dem üblichen Satzbau herausfallen; sie gelten dann als Einschub.

Bei Infinitiv-, Partizip- oder Adjektivgruppen darf ein Komma gesetzt werden, um die Gliederung des Satzes deutlich zu machen und Missverständnisse auszuschließen.

- *Durch die Anerkennung und das Lob angespornt(,) machte er sich mit großem Eifer an die Arbeit./Er rannte(,) den Lehrer und die Mitschüler laut und wütend beschimpfend (,) aus der Klasse.*

- *Das Kind versprach(,) heute nicht mehr vom Kuchen zu naschen./ Das Kind versprach heute(,) nicht mehr vom Kuchen zu naschen.*

Dies gilt auch für Adjektivgruppen. Sie können durch Kommas als Einschub gekennzeichnet werden:

Sie lief außer sich vor Freude auf mich zu. –
Sie lief, außer sich vor Freude, auf mich zu.

>!< Stehen Infinitiv-, Partizip- oder Adjektivgruppen in Verbindung mit einem hinweisenden Wort, müssen sie mit Komma abgetrennt werden.

Darüber, bald zu einem Erfolg zu kommen, dachte sie lange nach.
So, vor Glück über das ganze Gesicht strahlend, kam sie auf mich zu.

Ein Komma muss auch dann gesetzt werden, wenn die Infinitiv- oder Partizipgruppe im Laufe des Satzes direkt wieder aufgenommen wird oder wenn sie als Nachtrag am Ende eines Satzes auftritt:

- *Ein Haus zu bauen, das war ihr Wunsch.*
- *Er kam auf mich zu, über das ganze Gesicht strahlend.*

- *Die Klasse war auf dem Schulhof versammelt, zum Ausflug bereit.*

Bei Aufzählungen:
Aufzählungen von Einzelwörtern und Satzteilen können unverbunden oder durch Konjunktionen verbunden aneinander gereiht sein. Dafür gibt es verbindliche Kommaregeln.

>!< Aneinander gereihte Wörter oder Wortgruppen werden durch Kommas voneinander getrennt. Sobald ein Teil der Aufzählung durch „und“ oder „oder“ angeschlossen wird, steht kein Komma davor.

- *Schneeglöckchen, Krokusse, Tulpen sind die ersten Frühlingsboten im Garten.*
- *Wenn der Motor nicht anspringt, dann kann dies an einer fehlerhaften Zündung, am leeren Benzintank, an der leeren Batterie liegen.*
- *Schneeglöckchen, Krokusse und Tulpen sind die ersten Frühlingsboten.*
- *Wenn der Motor nicht anspringt, liegt dies an der Zündung, an der Kälte, am fehlenden Benzin oder an der Batterie.*

>!< Aneinander gereihte Adjektive werden ebenfalls durch Kommas voneinander getrennt. Bildet aber

das letzte Adjektiv mit dem dazugehörigen Substantiv einen festen Begriff (z. B. „französischer Käse, schmiedeeisernes Gitter"), so steht vor dem letzten Adjektiv kein Komma.

Als Entscheidungshilfe, ob es sich um einen festen Begriff handelt, dient die „und-Probe": Kann man ein „und" zwischen das vorletzte und letzte Adjektiv setzen, so ist das Komma erforderlich. Soll der Satz so verstanden werden, als wenn kein „und" möglich wäre, setzt man kein Komma:

- *die neue, große, schöne Wohnung*
  (die neue, große und schöne Wohnung)
- *ein Kasten dunkles bayrisches Bier*
  (es gibt auch helles bayrisches Bier)/
  ein Kasten dunkles, bayrisches Bier
  (es gibt auch anderes dunkles Bier)

Zusätze und Nachträge

Wortgruppen, die ein vorher genanntes Substantiv oder einen Satzteil näher erläutern, unterbrechen als Einschübe, Zusätze oder Nachträge den Satz und werden durch Kommas abgetrennt. Manchmal kann der Schreiber selbst bestimmen, ob er eine Wortgruppe mit Komma als Zusatz oder Nachtrag kennzeichnen will oder nicht. Erläuternde Zusätze, die ein Substantiv näher bestimmen und selbst ein Substantiv im gleichen Fall enthalten, nennt man Beisatz oder Apposition (z. B. „Christoph Kolumbus, der Entdecker Amerikas, ..."). Appositionen werden durch Kommas abgetrennt.

>!< Ein Satzteil, der ein Wort näher bestimmt, wird immer dann durch Kommas abgetrennt, wenn er nachgestellt am Satzende steht (Nachtrag) oder direkt auf das Bezugswort folgt (Einschub). Oft beginnen diese erklärenden Einschübe und Zusätze mit „und zwar, besonders, nämlich, d. h., z. B., vor allem" usw.

- *Siehst du das Haus dort, das gelbe? Es war ein schöner Wintertag, sonnig und kalt. Energiesparen kann jeder, z. B. beim Heizen.*
- *Drei Bäume, nämlich zwei Linden und eine Kastanie, mussten gefällt werden.*

Die erläuternde Bestimmung kann auch innerhalb des Satzes stehen. Will man sie betonen, trennt man sie durch Kommas ab. Auch die Schreibung ohne Kommas ist möglich; dann ist die Erläuterung eine einfache Umstandsangabe. Wenn die Ergänzung zwischen dem Substantiv und dem dazugehörenden Artikel, Pronomen oder Zahlwort steht, setzt man keine Kommas.

- *Sie können mich täglich, außer montags, anrufen.*
- *Sie können mich täglich außer montags anrufen.*
- *Meine in Amerika lebende Schwester kommt zu Besuch.*

>!< Appositionen werden durch paarige Kommas abgetrennt.

Albert Einstein, Nobelpreisträger für Physik, wurde in Ulm geboren.
Paris, die Hauptstadt Frankreichs, ist eines der beliebtesten Reiseziele in Europa.

Bei Eigennamen, die einem Titel, einer Berufsbezeichnung oder dergleichen folgen, ist die Kommasetzung freigestellt. Dabei muss man allerdings berücksichtigen, dass durch das Setzen oder Weglassen des Kommas unter Umständen unterschiedliche Lesearten entstehen können:

- *Der Erfinder der Buchdruckerkunst(,) Johannes Gutenberg(,) wurde in Mainz geboren.*
- *Unser Physiker, Dr. Friedrich Müller, hat ein Patent angemeldet;*

unsere Chemikerin, Dr. Renate Schmitt, ebenfalls.
(Es gibt nur einen Physiker und eine Chemikerin in der Firma)./
Der Physiker Niels Bohr hat eine Entdeckung gemacht.
(Es gibt mehrere Physiker, die Namensnennung ist notwendig, um die gemeinte Person eindeutig zu bezeichnen).

>!< Beinamen und römische Zahlen bei Herrschernamen stehen ohne Komma. Das Gleiche gilt für Zusätze wie junior oder senior. Beinamen, die aus einem Substantiv mit Attribut bestehen, werden jedoch in Kommas eingeschlossen. Hat eine Person zwei Beinamen, so wird meistens der zweite Beiname in Kommas eingeschlossen.

- *Friedrich der Große, Karl V., Hermann Weinberger senior, Otto Müller junior*
- *Das Denkmal von Friedrich Wilhelm, dem Großen Kurfürsten, wurde im folgenden Jahr errichtet.*
- *Ludwig XIV., der Sonnenkönig, ließ Schloss Versailles erbauen.*

>!< Mehrteilige Orts-, Wohnungs-, Zeit- und Literaturangaben werden durch Komma abgetrennt,

wenn sie keine Präposition enthalten. Dabei ist es den Schreibenden freigestellt, ob sie am Schluss einer mehrteiligen Fügung ein Komma setzen oder nicht. Ohne schließendes Komma wird die Fügung als Reihung aufgefasst, mit schließendem Komma ist sie ein Zusatz.

- *Rainer Schöne, Köln, Rosenweg 13, Hinterhaus, ist der Gewinner unseres Preisausschreibens.*
  Die Tagung beginnt am Freitag, dem 15. März, um 16 Uhr im Gewerkschaftshaus.
- *Frau Klara Strobel, Hamburg, Fliederweg 20 ist als Erbin eingesetzt.*
- *Die Tagung soll am Mittwoch, dem 14. November beginnen.*
  Die Tagung soll am Mittwoch, dem 14. November, beginnen.

Zwischen zwei Zeitangaben, die mit einer Präposition verbunden sind, steht dagegen kein Komma:

- *Er kommt am Sonntag um 9 Uhr an.*
  Frau Klara Strobel hat in Köln im Fliederweg 20 gewohnt.

Hervorhebungen:

>!< Einzelwörter oder Satzteile kann man durch Kommas hervorheben; sie erhalten dadurch mehr Nachdruck. Dies betrifft insbesondere Anreden, Ausrufe oder Ausdrücke einer Stellungnahme, Bejahung, Verneinung, Bekräftigung, Bitte.

- *Freunde, bleibt bitte alle noch einen Moment da!*
- *Oh, das wäre schön. Ach, er ist wieder weg! Was, du hast geheiratet?*
- *Ja, genau das habe ich gemeint.*
  Nein, damit bin ich nicht einverstanden!
  Tatsächlich, so ist es gewesen.
  Komm, bitte, morgen pünktlich
  (auch möglich: Komm bitte morgen pünktlich).

6. Gedankenstrich

Der Gedankenstrich hat vielfältige Aufgaben; er kann Hervorhebungen kennzeichnen und zeigt gedankliche Pausen an. Er markiert Einschübe und gliedert den Satz.

>!< Innerhalb des Satzes schließt der Gedankenstrich Einschübe ein, die stärker als durch Kommas hervor-

gehoben werden sollen. Er kennzeichnet auch eine Denkpause oder deutet etwas Überraschendes an. Er kann aber auch den Abbruch eines Gedankens verdeutlichen. Bei der Wiedergabe von Gesprächen zeigt er den Sprecherwechsel an. Auch einzelne Stichwörter können durch Gedankenstriche miteinander verbunden werden.

- *Seit zwei Monaten –*
  es ist kaum zu glauben –
  habe ich keine Zigarette mehr angerührt.
- *Er rief sie. Sie drehte sich um –*
  es war eine fremde Frau.
- *Wenn ihm niemand hilft, dann –*
- *„Bist du schon fertig?" –*
  „Nein, so schnell geht das nicht."
- *Suppen – Salate – Hauptgerichte –*
  Nachspeisen

>!< Werden in einen Satz ein vollständiger Satz oder ein Satzteil mit Gedankenstrichen eingeschoben, dann stehen die Satzzeichen des einschließenden Satzes genau so, als ob der eingeschlossene Satz nicht existieren würde. Dies gilt für das Komma ebenso wie für den Doppelpunkt. Wird in einen Satz ein vollständiger Satz mit Gedankenstrichen eingeschoben, dann wird der eingefügte Satz nicht mit einem Punkt abgeschlossen.

- *Du schreibst – und dies freut mich sehr –, ich hätte gute Arbeit geleistet.*
- *Sie rief mit aller Kraft – die Verzweiflung war ihr ins Gesicht geschrieben –: „Schneller, schneller!“*
- *Am frühen Abend – die Sonne ging gerade unter – erreichten wir endlich unser Ziel.*

7. Klammer

Es gibt runde und eckige Klammern.

>!< Runde Klammern kennzeichnen erklärende Einschübe und betonen diese weniger stark als Gedankenstriche. Steht der Einschub in Klammern am Ende des Satzes, setzt man das Schlusszeichen dahinter. Steht ein vollständiger Satz zwischen den Klammern, so steht sein Schlusspunkt innerhalb der Einklammerung.

- *Ich fange nächsten Herbst (ab Anfang Oktober) in der neuen Firma an.*
- *Gestern abend rief Maren endlich an (gegen 19 Uhr).*
- *Geben Sie die Abschrift baldmöglichst bei uns ab. (Weitere Anweisungen erfolgen später.)*

>!< Eckige Klammern schließen einen Einschub ein, der zwischen runden Klammern steht. Buchstaben oder Wortteile, die man weglassen kann, stehen in eckigen oder runden Klammern. In wissenschaftlichen Texten stehen eckige Klammern, um in Zitaten eigene Zusätze deutlich zu machen.

- *Wir benötigen noch Bastelmaterial (Stoffreste, Garne, Wolle [nur Naturmaterial]) für die Vorbereitung unseres Weihnachtsbasars.*
- *Auto[mobil], Auto(mobil)*
- *In der erwähnten Passage heißt es: „Niemals hätte ich gedacht, dass mir dieses Mädchen [die Rede ist von der späteren Frau des Autors] so sehr ans Herz wachsen würde."*

8. Anführungszeichen

Mit Anführungszeichen kennzeichnet man die wörtliche Rede sowie Zitate. Auch für Hervorhebungen werden sie verwendet.

>!< Anführungszeichen markieren die wörtliche Rede und wörtlich wiedergegebene Gedanken.

Ist die wörtliche Rede durch einen Begleitsatz unterbrochen, wird jeder Teil in Anführungszeichen gesetzt.

- *Ihr letzter Gedanke war: „So bald werde ich ihn nicht wiedersehen."*
- *„Gegen Abend", sagte Peter, „komme ich wieder."*

>!< Zitate sowie Titel von Büchern und dergleichen werden in Anführungszeichen gesetzt.

- *„Wer zu spät kommt, den bestraft das Leben" lautet ein geflügeltes Wort.*
- *Der „Zauberberg" ist ein bedeutendes Werk der Weltliteratur.*

>!< Mit Anführungszeichen kann man auch Einzelwörter und Buchstaben hervorheben. Man kennzeichnet damit auch ironisch Gemeintes.

- *Das Wort „Bronze" schreibt man mit „z".*
- *Du hast dich wirklich „großartig" benommen.*

Halbe Anführungszeichen verwendet man, wenn zwei Anführungen ineinander geschoben sind.

„Ich habe jetzt auch das Musical 'Cats' gesehen", sagte Miriam stolz.

>!< Punkt, Ausrufe- und Fragezeichen gehören vor das schließende Anführungszeichen, wenn sie selbst zu dem zwischen Anführungszeichen stehenden Textteil gehören. Nach dem schließenden Anführungszeichen wird dann kein Punkt mehr gesetzt. Ansonsten stehen Punkt, Ausrufe- und Fragezeichen nach dem schließenden Anführungszeichen. Das Komma steht dagegen immer nach dem schließenden Anführungszeichen. Auch auf einen mit Ausrufe- oder Fragezeichen endenden Textteil folgt nach dem schließenden Anführungszeichen ein Komma.

- *Er wiederholt stets: „Das habe ich nie gesagt!" Der Roman schließt mit dem Satz: „Und er nahm sie zärtlich in die Arme."*
  Der Kommissar fragte: „Haben Sie ein Alibi?"
- *Er berichtet, diese Neuigkeit habe ihm „große Genugtuung bereitet".*
  Kennst du den „Faust"?
  Mein Lieblingsdrama: „Wallenstein"!
- *„Warum", fragte sie, „hast du mir davon nichts erzählt?"*
- *„Ich kann diesen Menschen nicht ausstehen!", rief er laut.*

„In welchem Jahr entließ Wilhelm II. Bismarck?“, fragte der Lehrer.

9. Apostroph

Der Apostroph zeigt an, dass man Buchstaben, die eigentlich geschrieben werden, weggelassen hat.

>!< Der Apostroph kennzeichnet ausgelassene Buchstaben. Beginnt der Satz mit einem Apostroph, schreibt man den ersten Buchstaben klein. Kein Apostroph steht bei Imperativen, bei gebräuchlichen Verschmelzungen von Präposition und Artikel und bei häufig gebrauchten verkürzten Wortformen.

mit Apostroph:
- *Erzähl nicht so'n Quatsch!*
- *'s geht schon wieder.*

ohne Apostroph:
- *lauf! bleib!*
- *ans, beim, ins, vorm*
- *mal (einmal), runter (herunter), rüber (herüber)*

Bei bestimmten Substantiven und einigen Verben steht kein Apostroph für das ausgelassene Schluss-e am Wortende. Verzichten kann man auf den Apostroph auch, wenn die Kurzform des Pronomens „es“ mit dem vorangegangenen Wort eine Einheit bildet. Ebenso werden die Kurzformen von „heran“, „herauf“, „herunter“, „herein“, „heraus“ und "herüber" in der Regel ohne Apostroph geschrieben.

- *Ich lass ihn laufen. Könnt ich doch nur schlafen!*
  Ich werd noch verrückt, wenn das so weiter geht! Behüt dich Gott!
- *Ich wars nicht. Wie gehts dir?*
  Nimms leicht!
- *Raus aus meinem Haus!*
  Kommst du bitte schnell rüber?

>!< Bei umgangssprachlichen und mundartlichen Verschmelzungen, insbesondere bei der Wiedergabe gesprochener Sprache, kann zur Verdeutlichung ein Apostroph gesetzt werden.

Er steht auf'm Kopf.
Sie gehn in'n Zoo.
So'n Unsinn!
Komm mit 'nauf!
Jetzt muss i' 'naus!
Hab ich 'nen Hunger!
Was für'n Quatsch!

>!< Bei Adjektiven auf -sch, die von Personennamen abgeleitet sind, kann der Apostroph gesetzt werden, um die Grundform des Namens zu verdeutlichen. Dann wird der Name großgeschrieben. Der Apostroph steht normalerweise nicht vor dem Genitiv-s von Namen, er kann aber gesetzt werden, um die Grundform des Namens zu verdeutlichen.

- *die Grimm'schen Märchen,*
- *die Brecht'schen Gedichte*
  Brechts Gedichte,
  Brandts Ostpolitik,
  New Yorks Straßen
- *Poe's Erzählungen,*
  Barbara's Grillstube

>!< Der Apostroph wird gesetzt, wenn – zur Abkürzung – innerhalb von Namen größere Buchstabengruppen ausgelassen werden. Er wird ebenfalls gesetzt, um den Genitiv von Namen, die auf „-s", „-ss", „-ß", „-tz", „-z", „-ce" enden, zu markieren.

- *Ku'damm, D'dorf*
- *Grass' Romane,*
  Marx' Werke,
  Johannes' Hochzeit
  Lutz' Auto
  Klaus' Telefonnummer

10. Schrägstrich

Der Schrägstrich hat verschiedene Funktionen.

>!< Ein Schrägstrich kennzeichnet mehrere gleichwertige Möglichkeiten und markiert die Namen verschiedener Personen.

- *An Herrn/Frau ...*
- *Die Herausgeber: Bitter/Rensfeld/ Wohlfahrt*

>!< Der Schrägstrich steht auch zwischen aufeinander folgenden Jahreszahlen, Monaten und Nummern und gibt Zahlenverhältnisse in der Bedeutung von „pro“ an. Auch als Bruchstrich kann er verwendet werden.

- *Das Wintersemester 1997/98;*
  das Doppelheft Mai/Juni; Nr. 70/71
- *20 km/h; 12 kg/m*^{3}
- *7 1/2; 1/4 min*

XI. Wichtigste Regeln der neuen Rechtschreibung

1. Groß- und Kleinschreibung

>!< Nach den neuen Rechtschreibregeln wird häufiger großgeschrieben. Das gilt nun für alle substantivierten Wörter und auch für alle Substantive, die Teil fester Verbindungen sind.

– Substantive in Verbindung mit Präpositionen:

> *außer Acht lassen* statt *außerachtlassen*
> *in Bezug auf* statt *in bezug auf*
> *zu Gunsten von* statt *zugunsten von*
> *im Allgemeinen* statt *im allgemeinen*
> *im Einzelnen* statt *im einzelnen*

– Substantive in Verbindung mit Verben:

> *Recht haben* statt *recht haben*
> *Angst machen* statt *angst machen*
> *Maß halten* statt *maßhalten*

In Verbindung mit den Verben „sein", „werden" und „bleiben" werden die Wörter „Angst", „Gram", „Bange", „Leid", „Schuld" und „Pleite" jedoch kleingeschrieben:

Mir wird angst und bange.
Seine Firma ist pleite.

– Künftig gilt auch die Großschreibung für Adjektivpaare, die Personen bezeichnen:

Jung und Alt statt *jung und alt*
Groß und Klein statt *groß und klein*

– Tageszeiten nach Zeitadverbien werden immer großgeschrieben:

heute Nachmittag statt *heute nachmittag*
gestern Morgen statt *gestern morgen*
am Sonntagabend statt *am Sonntag abend*
vorgestern Abend statt *vorgestern abend*

– Substantivierte Adjektive und Partizipien werden künftig großgeschrieben:

auf dem Laufenden statt *auf dem laufenden*
im Großen und Ganzen statt *im großen und ganzen*
auf dem Trockenen sitzen statt *auf dem trockenen sitzen*

>!< Adverbien in festen Fügungen werden konsequenterweise kleingeschrieben:

goldene Hochzeit
erste Hilfe
schwarzes Brett

Bei Titeln („Erster Bürgermeister"), Eigennamen, historischen Ereignissen („Der Westfälische Frieden" oder der „Versailler Vertrag"), besonderen Kalendertagen („Heiliger Abend") sowie klassifizierten Bezeichnungen in der Geographie („Roter Milan" und „Stiller Ozean") und Biologie schreibt man jedes einzelne Wort groß.

– Die vertrauliche Anrede wird kleingeschrieben:

du, dein, euer, ihr, euch

– Das förmliche „Sie" wird aber auch weiterhin großgeschrieben.

2. Getrenntschreibung

>!< Dieser mit einer Vielzahl von Sonderregeln versehene Bereich ist jetzt überschaubarer geworden. Die Getrenntschreibung ist nun der Normalfall.

– Es wird getrennt geschrieben, wenn man Substantiv und Verb umstellen kann:

Teppich klopfen statt *teppichklopfen*,
denn: *Er klopft heute den Teppich.*
Rad fahren statt *radfahren*
denn: *Sie fährt heute Rad.*

– Ebenfalls auseinander geschrieben wird die Fügung Verb + Verb:

sitzen bleiben, stehen lassen,
schwimmen gehen, spazieren gehen

– Alle Verbindungen mit den Adverbien „darin", „darüber", „darunter", „davor" werden immer getrennt geschrieben:

darüber fahren, davor stellen

Aber: bei den verkürzten Formen herrscht meist Zusammenschreibung:

drüberfahren

– Alle Wörter in Verbindung mit „irgend-" werden grundsätzlich zusammengeschrieben, außer bei einer Erweiterung wie „irgend so ein":

irgendetwas, irgendjemand,
irgendwer

– Aber Adjektive, die auf „-isch“, „-ig“ oder „-lich“ enden, werden getrennt geschrieben:

schrecklich faul, winzig klein, tropisch heiß
dagegen: *zuckersüß*

– Verbindungen mit dem Verb „sein“ werden immer getrennt geschrieben:

hier sein, hier gewesen
dabei sein, dabei gewesen

3. Wortstamm

>!< Wenn man unsicher ist, wie ein Wort geschrieben wird, sollte man versuchen, das Wort abzuleiten. Ein verwandtes Wort kann fast immer gefunden werden, an welchem man erkennt, wie es geschrieben wird. Grundgedanke der Rechtschreibreform ist die Übereinstimmung des Wortstammes mit allen von diesem Wortstamm abgeleiteten Wörtern einer Familie.

– Umlaute:

der *Stängel* von *Stange* (statt *Stengel*)
überschwänglich von *Überschwang* (statt *überschwenglich*)

belämmert von *Lamm* (statt *belemmert*)
behände von Hand (statt *behende*)
Bändel von Band (statt *Bendel*)
Gämse von Gams (statt *Gemse*)
Schnäuzen von Schnauze (statt *Schneuzen*)
Quäntchen von Quantum (statt *Quentchen*)

Bei der „Schänke“, die sich vom Wortstamm „Ausschank“ ableitet, ist weiterhin auch die Schreibweise „Schenke“ möglich.

- Angeglichen wird die Schreibweise verschiedener Endsilben:

Känguru statt *Känguruh*
Karamell statt *Karamel*

- Bei der Substantivierung auf „-heit“ erhalten auf „h“ endende Wörter ein zweites „h“:

Rohheit statt *Roheit*
Zähheit statt *Zäheit*

Weiterhin gilt die alte Schreibweise für „Hoheit“.

Der Haartrockner schreibt sich jetzt wie der Fallwind:

Föhn statt *Fön*

4. ss und ß

>!< Künftig steht nach kurzen Vokalen „ss“ statt „ß“. Im Schriftbild wird diese neue Regel am meisten auffallen.

dass statt *daß*
Hass statt *Haß*
Kuss statt *Kuß*
Schluss statt *Schluß*
muss statt *muß*

– Nach einem langen oder einem doppelten Vokal bleibt das „ß“ erhalten:

Gruß,
Ruß,
Stoß,
schließen,
beißen

– Der kurz gesprochene Vokal bewirkt auch bei anderen Buchstaben eine Verdopplung:

Mopp statt *Mop*
nummerieren statt *numerieren*
Ass statt *As*
Tipp statt *Tip*

>!< Treffen in Zusammensetzungen drei gleiche Buchstaben aufeinander, so bleiben alle diese Buchstaben erhalten:

Schifffahrt,
Hawaiiinseln,
Kaffeeernte

Es bleibt aber dennoch:

Drittel, Mittag

5. Worttrennung

>!< Grundsätzlich gilt, dass Wörter nach Sprechsilben getrennt werden:

Wes – te statt *We - ste*
Fens – ter statt *Fen - ster*
Zu – cker statt *Zuk - ker*

>!< Es ist auch erlaubt, dass bei Trennungen ein einzelner Vokal am Wortanfang stehen kann:

A – bend,
O – fen,
U – fer

>!< Wörter wie „herum“, „hinauf“, „woran“ können doppelt getrennt werden:

hi – nauf und *hin – auf*
da – rum und *dar - um*

>!< Bei Fremdwörtern ist die herkömmliche und die neue Regelung der Trennung möglich:

pa – rallel und *par – allel*
Päd – agogik und *Pä – dagogik*
Ab – itur und *Abi - tur*
Si – gnal und *Sig - nal*

6. Bindestrich

>!< Bei dem Zusatz von Zahlen:

12-jährig statt *12jährig*
8-fach statt *8fach*

>!< Bei langen zusammengesetzten Wörtern oder ganzen Sätzen in Subjekt-Funktion wird der Bindestrich gesetzt:

Berg-und-Tal-Fahrt

>!< Der Bindestrich kann und sollte auch gesetzt werden, wenn dadurch eine bessere Lesbarkeit erzielt wird:

Schiff-Fahrt,
See-Enge,
Tee-Ei

7. Komma

>!< In vielen Fällen wird die Kommasetzung freigestellt. Grundsätzlich gilt bei der neuen Rechtschreibung: Ein Komma ist dann zu setzen, wenn es Missverständnisse ausschließt oder einen Satz verdeutlicht.

>!< Das Komma vor „und" beziehungsweise „oder" zwischen gleichberechtigten Hauptsätzen entfällt:

Die Katze saß auf dem Gartenzaun und die Katze miaute.
statt: *Die Katze saß auf dem Gartenzaun, und die Katze miaute.*

>!< Das Komma bei der direkten Frage:

„Was hast du vor?", fragte der Junge.

>!< Infinitiv- und Partizipgruppen werden nur noch dann durch ein Komma abgetrennt oder zwischen Kommas eingeschlossen, wenn die Gliederung des Satzes verdeutlicht oder Missverständnisse ausgeschlossen werden sollen.

Man kann also schreiben:

Sie liefen davon ohne sich vorher noch einmal umzudrehen.
oder:
Sie liefen davon, ohne sich vorher noch einmal umzudrehen.

Das Komma muss jedoch wie bisher stehen, wenn die Infinitiv- oder Partizipgruppe durch ein hinweisendes Wort angekündigt wird oder wenn die Infinitiv- oder Partizipgruppe nachgetragen wird und so aus der Satzkonstruktion herausfällt:

- *Er erinnerte sie daran, das Geschenk zu besorgen.*
- *Die Gäste, ohne sich zu bedanken, gingen nach Hause.*

>!< Wenn die Gliederung eines Satzes verdeutlicht werden kann, ist es zweckmäßig, ein Komma zu setzen:

Er spielte mit seinem Freund, und dessen Mutter musste lange auf ihn warten.

8. Fremdwörter

>!< Die Neuerungen betreffen diejenigen Fremdwörter, die in den alltäglichen Sprachgebrauch eingegangen sind. Begriffe aus dem Altgriechischen sind nicht betroffen („Philosophie", „Theater", „Rhetorik"). Jedoch bleibt neben der neuen Schreibweise oft die alte als Hauptvariante bestehen.

>!< Für alle nicht fachsprachlichen Wörter mit den Stämmen „phon", „phot" und „graph" kann an Stelle des „ph" auch ein „f" treten:

Mikrofon und *Mikrophon*
Fantasie und *Phantasie*

Es bleibt: „Philosophie", „Sphäre" und „Metapher".

Außerdem gilt künftig:
Panter und *Panther*
Tunfisch und *Thunfisch*

>!< Das unausgesprochene „h" hinter einem „g" kann weggelassen werden, ebenso teilweise hinter „rr":

Spagetti und *Spaghetti*
Jogurt und *Joghurt*
Katarr und *Katarrh*

>!< Fremdwörter mit „é" und „ée":
Hier kann die alte Schreibweise erhalten bleiben:

Dragee und *Dragé*
Kommunikee und *Kommuniqué*
Schikoree und *Chicorée*
Varietee und *Varieté*

>!< Eingedeutscht wird die Mehrzahlbildung von Anglizismen:

Aus *Babies* wird <u>Babys</u> (von Baby)
Aus *Hobbies* wird <u>Hobbys</u> (von Hobby)

>!< Endet ein Substantiv auf „-enz" oder „-anz", ist beim abgeleiteten Adjektiv eine doppelte Schreibweise zugelassen:

Potenzial und *Potential* (wie Potenz)
Differenzial und *Differential*
(wie Differenz)
substanziell und *substantiell*
wie Substanz)

A

Abkürzungen 130
Ableitungen 47
abstrakte Begriffe 12
Adjektive 19, 47, 57
Adjektivgruppen 153
Adverbien 29
als 147, 150
Anführungszeichen 165
Anlaut 75
Anrede 25
Anredepronomen 34
Apostroph 8, 168
Apposition 159
Artikel 96
Aufzählungen 156
Auslassungspunkte 8, 137
Ausrufezeichen 142
Aussagesätze 135

B

Befehlssätze 135
Begleitwörter 16
Beinamen 160
Berufsbezeichnungen 115
Bestimmungswörter 101f.
Bindestrich 52ff.
Buchstaben 11, 59

C/D

chemische Elemente 131
das/dass 95
Datumsangabe 135
Dehnungs-h 67, 70
Deutsches Sprachgebiet 91
Diphthonge 59
direkte Rede 10
Divisionszeichen 142
Doppelkonsonanten 72
Doppelpunkt 8, 139f.
Doppelvokal 67

E

e-Laut 61
eckige Klammern 164f.
ei-Laut 61, 65
Eigennamen 159
Ersatzprobe 97
Etymologie 129
eu-Laut 61, 64

F

f-Laut 76, 78
Farbbezeichnungen 22, 57
Flexion 117

Fragezeichen 142
Fremdwörter 117ff., 128
Fugen-s 100

G
Gedankenstrich 11, 162f.
Genus 123
gesprochene Sprache 127
grammatisches Geschlecht 123
Großbuchstaben 95
Groß- und Kleinschreibung 7ff.
Grundwort 37
gebeugt 60
Grußformel 135

H
-heit 13
Himmelsrichtungen 131
das Hochdeutsche 59
Homophone 60

I
Infinitivgruppen 153
Infinitive 17
Interjektionen (Ausrufewörter) 29

Internationalismen 125
Intonationszeichen 134
„irgend-“ 50

K
k-Laut 77, 80
Kardinalzahlen 27
-keit 13
Klammern 164f.
Komma 146ff.
Konjunktion 29, 96, 150
Konsonanten 59, 75

L
Laut-Buchstaben-Zuordnung 59ff.
Laute 59
Lehnwörter 117

M
mal/Mal 33
Maßeinheiten 131

N
Namen 107ff.
-nis 13

O

Ordnungszahlen 27
Ortsangaben 160

P

Paragraphen 11
Partizip 19, 47, 153
Partizipgruppen 153
Plural 12
Pluralendung 124
Präposition 14, 29
Pronomen 24, 97
Punkt 134f.

R

Rechtschreibprinzipien 98
Relativpronomen 97, 151
Relativsätze 151
runde Klammern 164

S

s-Laut 89ff.
Satzanfang 8
Satzgefüge 152
Satzreihe 148
Satzzeichen 134ff.

-schaft 13
Schlagzeile 135
Schlusszeichen 137
Schrägstrich 171
Semikolon (Strichpunkt) 138f.
Singular 12
Sprachbezeichnungen 23f.
Stammform 60
stimmhaft 89
stimmlos 89
Strichpunkt (Semikolon) 138f.
Substantive 12ff.
substantivierte Wörter 15f.
Superlativ 20

T

t-Laut 76, 85ff.
Titel 115, 159
Trennungszeichen 126f.
-tum 13

U

u-Laut 61
ü-Laut 66
Überschrift 10, 135
Umlaute 59

-ung 13
Unterschrift 135
ungebeugt 60

V
Verben 17f.
Vergleiche 147
Vokale 59, 61ff.
Vorsilbe 128

W
Werktitel 10
wider/wieder 72
wie 147
wieder 40, 72
Wortgruppe 36
wörtliche Rede 10, 166
Worttrennung am Zeilenende 126ff.
Wortzusammensetzungen 127

X/Z
x-Laut 76, 83f.
Zahladjektive 25
Zahlen 104ff.
Zeichensetzung 134

Zeitangaben 30, 160f.
Ziffern 8, 11, 104ff., 137
Zitat 134
zu 51
zusammen 39
Zusammen- und Getrenntschreibung 36ff.
Zusammensetzungen 13, 36